使いやすい！教えやすい！家庭学習に最適の問題集！

愛知県版私立小学校
南山大学附属小学校
名進研小学校

南山大学附属小学校
2020・2021年度過去問題を掲載
名進研小学校
2020・2021年度過去問題を掲載

2022 年度版

過去問題集

<問題集の効果的な使い方>

①お子さまの学習を始める前に、まずは保護者の方が「入試問題」の傾向や難しさを確認・把握します。その際、すべての「学習のポイント」にも目を通しましょう。
②入試に必要なさまざまな分野学習を先に行い、基礎学力を養ってください。
③学力の定着が窺えたら「過去問題」にチャレンジ!
④お子さまの得意・苦手がわかったら、さらに分野学習を進め、レベルアップを図りましょう!

必ずおさえたい問題集

南山大学附属小学校

お話の記憶	1話5分の読み聞かせお話集①・②
数量	Jr・ウォッチャー40「数を分ける」
図形	Jr・ウォッチャー35「重ね図形」
推理	Jr・ウォッチャー7「迷路」
常識	Jr・ウォッチャー27「理科」、55「理科②」

名進研小学校

お話の記憶	1話5分の読み聞かせお話集①・②
数量	Jr・ウォッチャー37「選んで数える」
図形	Jr・ウォッチャー1「点・線図形」
推理	Jr・ウォッチャー15「比較」、58「比較②」
常識	Jr・ウォッチャー34「季節」

●資料提供●
エコール・ドゥ・アンファン
小学校受験部

ISBN978-4-7761-5391-7
C6037 ¥2300E
9784776153917
1926037023005

定価 2,530円
(本体 2,300円+税 10%)

日本学習図書 ニチガク

目指せ！合格！

家庭学習ガイド
南山大学附属小学校

ペーパー　巧緻性　制作　口頭試問　親子面接

入試情報

募集人数：男女90名
応募者数：男子105名　女子136名
出題形態：ペーパー、ノンペーパー
面　　接：保護者・志願者
出題領域：ペーパー（数量、図形、推理、言語、常識、お話の記憶、巧緻性）、制作、口頭試問

受験にあたって

2022年度入試の考査・面接は、11月13日（土）、20日（土）、27日（土）の3日間の日程で、考査と面接がそれぞれ1日ずつ行われます。2020年度入試までは、1次試験（考査）通過者に対して2次試験として面接が行われていましたが、昨年度から志願者全員に対して面接が実施されるようになりました。学校からも考査と面接を1つの試験としてとらえるというアナウンスがあったように、より多面的・総合的に判断されるようになります。

ペーパーテストでは、数量、図形、推理、言語、常識、お話の記憶、巧緻性の分野から出題されました。出題分野は幅広いですが、出題内容は基礎的な内容が大半なのでしっかりと基礎固めをしておけば充分に対応できるでしょう。ノンペーパーテストでは、行動観察が行われず、折り紙と口頭試問のみ実施されました。

志願者の考査中には、保護者向けにアンケートが実施されました。「本校を選んだ理由」「本校の理念のどんなところに魅力を感じたのか」「Web学校説明会には参加したか」「Web説明会で最も関心を持ったことは何か」「Web説明会でもっと聞きたかったことはあったか」「お子さまは塾に通っているか」「入試学校説明会に参加したか」「本校入試広報活動や説明会で気になったこと」といった内容で、無記名のアンケートでした。

目指せ！合格！

家庭学習ガイド
名進研小学校

ペーパー　制作　運動　口頭試問　行動観察　親子面接

入試情報

募集人数：男女約90名
応募者数：非公表
出題形態：ペーパー、ノンペーパー
面　　接：保護者・志願者
出題領域：ペーパー（数量、図形、推理、言語、常識、お話の記憶）、制作、運動、口頭試問、行動観察

受験にあたって

当校の入学試験では、開校以来一貫して、学習適応検査、制作能力検査、運動能力検査、行動観察検査という形で考査が行われています。試験時間は合計で3時間を超える長丁場になるので、長時間の試験に対応できる集中力が求められます。

ペーパーテストは、数量、図形、推理、言語、常識、お話の記憶の分野から出題されました。例年通りですが、幅広い出題分野となっているので、しっかりと対策をとっておきましょう。当校のペーパーテストは基礎レベルの問題内容ですが、解答方法が独特なものがあるので、最後までしっかりと問題を聞くようにしましょう。日頃の学習でも、出題方法を変えるなどして、練習を積んでおくとよいでしょう。

運動テストは、課題そのものは難しくありませんが、指示が複雑です。指示がうまく聞き取れないと混乱してしまう可能性があります。よく聞いて、何をすればよいのか理解して取り組むことが大切です。

行動観察は、集団での活動ではなく、ゲーム形式のものでした。ここでも指示通りの行動ができるかどうかが観られています。

2021年度入試では、試験で使う道具（２Ｂ鉛筆５本、クーピーペンシル12色、消しゴム、ハサミ、スティックのり、カッター付きセロハンテープ）をジッパー付きの袋に入れて持参するという指示がありました。2022年度入試でも同様の持参物が考えられるので、準備をしておくとよいでしょう。

愛知県版
私立小学校
過去問題集

〈はじめに〉

現在、少子化が叫ばれているにもかかわらず、国立・私立小学校の入学試験には一定の応募者があります。入試は、ただやみくもに学習するだけでは成果を得ることはできません。志望校の過去における出題傾向を研究・把握した上で、練習を進めていくこと、その上で試験までに志願者の不得意分野を克服していくことが必須条件です。そこで、本問題集は小学校を受験される方々に、志望校の出題傾向をより詳しく知って頂くために、過去に遡り出題頻度の高い問題を結集いたしました。最新のデータを含む精選された過去問題集で実力をお付けください。

また、志望校の選択には弊社発行の「**2022年度版　近畿圏・愛知県　国立・私立小学校　進学のてびき**」をぜひ参考になさってください。

〈本書ご使用方法〉

◆出題者は出題前に一度問題を通読し、出題内容などを把握した上で、〈 準　備 〉の欄に表記してあるものを用意してから始めてください。
◆お子さまに絵の頁を渡し、出題者が問題文を読む形式で出題してください。ただし、問題を読んだ後で絵の頁を渡す問題もありますのでご注意ください。
◆「**分野**」は、問題の分野を表しています。弊社の問題集の分野に対応していますので、復習の際の目安にお役立てください。
◆一部の描画や工作、常識等の問題については、解答が省略されているものがあります。お子さまの答えが成り立つか、出題者が各自でご判断ください。
◆〈 **時　間** 〉につきましては、目安とお考えください。
◆**学習のポイント**は、指導の際にご参考にしてください。
◆【**おすすめ問題集**】は各問題の基礎力養成や実力アップにご使用ください。

〈本書ご使用にあたっての注意点〉

◆文中に **この問題の絵は縦に使用してください。** と記載してある問題の絵は縦にしてお使いください。
◆〈 準　備 〉の欄で、クレヨンと表記してある場合は12色程度のものを、画用紙と表記してある場合は白い画用紙をご用意ください。
◆文中に **この問題の絵はありません。** と記載してある問題には絵の頁がありませんので、ご注意ください。尚、問題の絵の右上にある番号が連番でなくても、中央下の頁番号が連番の場合は落丁ではありません。
下記一覧表の●がついている問題は絵がありません。

問題1	問題2	問題3	問題4	問題5	問題6	問題7	問題8	問題9	問題10
問題11	問題12	問題13	問題14	問題15	問題16	問題17	問題18	問題19	問題20
	●	●	●						
問題21	問題22	問題23	問題24	問題25	問題26	問題27	問題28	問題29	問題30
	●	●		●	●				
問題31	問題32	問題33	問題34	問題35	問題36	問題37	問題38	問題39	問題40
					●	●	●	●	
問題41	問題42	問題43	問題44	問題45	問題46	問題47	問題48	問題49	
						●		●	

◎学習効果を上げるため、前掲の「家庭学習ガイド」をお読みになり、各校が実施する入試の出題傾向をよく把握した上で問題に取り組んでください。

※冒頭の「本書ご使用方法」「本書ご使用にあたっての注意点」も併せてご覧ください。

〈南山大学附属小学校〉

2021年度の最新問題

問題1　分野：数量（同数発見、ひき算）

〈準備〉　鉛筆、消しゴム

〈問題〉　①　左の四角を見てください。上の段と下の段で同じ数のものを見つけて線で結んでください。
②～④右の四角を見てください。リスが左の四角の中の数だけドングリを持っています。真ん中の四角の中の数だけ食べるとドングリはいくつになるでしょうか。右の四角の中にその数の分だけ○を書いてください。

〈時間〉　①40秒　②～④１分

問題2　分野：数量（数を分ける、積み木）

〈準備〉　鉛筆、消しゴム

〈問題〉　①②左の四角を見てください。上の積み木の数にするためには、下の四角の中のどの積み木を合わせればよいでしょうか。選んで○をつけてください。
③④右の四角を見てください。この積み木には見えない積み木が隠れています。下の四角の中にその数の分だけ○を書いてください。

〈時間〉　各30秒

問題3　分野：図形（重ね図形、図形の重なり）

〈準備〉　鉛筆、消しゴム

〈問題〉　①②上の四角を見てください。左の２つの形は透明な紙に書かれています。この２つの形をそのまま重ねるとどうなるでしょうか。右の四角の中に描いてください。
③　下の四角を見てください。いくつかの形が重なっています。上から２番目に重なっているのはどの形でしょうか。その形に○をつけてください。

〈時間〉　①②40秒　③20秒

問題4　分野：図形（回転図形）

〈準備〉　鉛筆、消しゴム

〈問題〉　左端の形を矢印の方向に１回まわすとどうなるでしょうか。選んで○をつけてください。

〈時間〉　１分

問題5　分野：推理（迷路）

〈準備〉　鉛筆、消しゴム

〈問題〉　クマさんはリンゴを３つ持っています。お家に着いた時にリンゴが７つになるように道を進みながら線を引いてください。

〈時間〉　１分

問題6　分野：推理（ブラックボックス）

〈準備〉　鉛筆、消しゴム

〈問題〉　１番上の段を見てください。箱を通るとイチゴの数はこのように変化します。では、下の段の右端の四角の中にはイチゴはいくつ入るでしょうか。四角の中にその数の分だけ○を書いてください。

〈時間〉　１分30秒

問題7　分野：推理（比較、なぞなぞ）

〈準備〉　鉛筆、消しゴム

〈問題〉　これから短いお話をします。

①ブドウジュースはイチゴジュースよりたくさんあります。
オレンジジュースはブドウジュースよりたくさんあります。
では、１番たくさんあるジュースは何でしょうか。そのくだものを選んで○をつけてください。
②ライオンの部屋はクマの部屋より狭いです。
トラの部屋はクマの部屋より広いです。
では、１番狭い部屋は誰の部屋でしょうか。選んで○をつけてください。

次はなぞなぞをします。

③紙をくっつけるものは何でしょうか。選んで○をつけてください。
④空を飛んでいる黒いものは何でしょうか。選んで○をつけてください。

〈時間〉　各15秒

問題8　分野：言語（尾音つなぎ）

〈準備〉　鉛筆、消しゴム

〈問題〉　ここに描いてある絵の最後の音をつなげるとどんな言葉になるでしょうか。下の四角の中から選んで○をつけてください。

〈時間〉　１分

問題9　分野：常識（理科）

〈準備〉　鉛筆、消しゴム

〈問題〉　上の段の野菜を切った形が下の段になります。正しい組み合わせになるように線で結んでください。

〈時間〉　１分

問題10　分野：お話の記憶

〈準備〉　鉛筆、消しゴム

〈問題〉　お話をよく聞いて、後の質問に答えてください。

妹がチョコレートを食べたベトベトの手で、お姉ちゃんが大切にしている白いクマのぬいぐるみを触ったので、しっぽが汚れてしまいました。お姉ちゃんが怒ったので妹は泣いてしまいました。次の日に妹が謝って仲直りしました。

(問題10－１の絵を渡す)
①汚れてしまったのはどんな動物のぬいぐるみでしたか。選んで○をつけてください。
②ぬいぐるみは何で汚れてしまったのですか。選んで○をつけてください。
③ぬいぐるみが汚れてしまった時、お姉ちゃんはどんな気持ちでしたか。選んで○をつけてください。

ケイくんはカレーを作るお手伝いをしていました。ケイくんはニンジンを切りました。お父さんは辛いものが好きなので、辛いカレーも作りました。カレーが出来上がったのでみんなで食べました。ケイくんは間違えてお父さんの辛いカレーを食べてしまいました。お父さんとお母さんは心配そうにケイくんを見ていました。

(問題10－２の絵を渡す)
④ケイくんが切った野菜はどれでしょうか。選んで○をつけてください。
⑤辛いカレーが好きなのは誰でしょうか。選んで○をつけてください。
⑥辛いカレーを食べてしまったケイくんを見て、お父さんとお母さんはどんな気持ちだったでしょうか。選んで○をつけてください。

〈時間〉　各15秒

問題11　分野：巧緻性（運筆）

〈準 備〉　鉛筆、消しゴム

〈問 題〉　はみ出さないように線を引いてください。

〈時 間〉　1分

問題12　分野：制作（折り紙）

〈準 備〉　折り紙（透明、柄付き、キャラクター付きなどいろいろな種類）

〈問 題〉　**この問題の絵はありません。**
好きな折り紙を選んで、好きなものを折ってください。1つできたら次の折り紙を折りましょう。終わりと言うまで続けてください。

〈時 間〉　5分程度

問題13　分野：口頭試問

〈準 備〉　カード（積み木やおにごっこなどの遊び、歯磨きや片付けなどの日常生活が描かれている）

〈問 題〉　**この問題の絵はありません。**
・あなたの名前と好きな食べものを教えてください。
・好きな本は何ですか。
・（〇〇です）どんなお話ですか。
・（××のお話です）もっと教えてください。

（絵を見ながら）
・ケイトくんが遊んでいてお友だちにぶつかってしまいました。何と言いますか。
（遊びのカードを見ながら）
・ケイトくんはどんな遊びが好きだと思いますか。
・ケイトくんがお友だちと遊ぶ時、お友だちがさっき選んだ遊びが嫌だと言ったらどうしますか。
（日常生活のカードを見ながら）
・ケイトくんが苦手だと思うことは何ですか。
・なぜそう思いましたか。

〈時 間〉　5分程度

家庭学習のコツ　**効果的な学習方法～問題集を通読する**

過去問題集を始めるにあたり、いきなり問題に取り組んではいませんか？　それでは本書を有効活用しているとは言えません。まず、保護者の方が、すべてを一通り読み、当校の傾向、ポイント、問題のアドバイスを頭に入れてください。そうすることにより、保護者の方の指導力がアップします。また、日常生活のさまざまなことから、保護者の方自身が「作問」することができるようになっていきます。

問題14　分野：親子面接

〈準　備〉　なし

〈問　題〉　**この問題の絵はありません。**

【両親へ】
・自分とお子さんの似ているところと違っているところをそれぞれ教えてください。
・家庭における教育や躾で気を付けていることをそれぞれ教えてください。
・共働きですがお子さまとの時間やお休みはありますか。
・お子さんに優しさをどのように教えていますか。

【父親へ】
・最近家族でしたことでお子さんが喜んだことは何ですか。
・お子さんとの関わりの中で何か感動したことはありますか。
・なぜわざわざ遠方から本校を受験することにしたのですか。

【母親へ】
・ご主人とお子さんのことについて毎日話をしますか。
・幼稚園でお母さん同士のトラブルはありますか。もしなったとしたらどうしますか。
・最近お子さんが興味を持っていることは何ですか。
・お子さんのお友だちの名前を３人教えてください。

【志願者へ】
・お名前を教えてください。
・お父さんとお母さんの名前を教えてください。
・今日の洋服は誰に着せてもらいましたか。
・幼稚園では何をして遊んでいますか。
・お父さんとお母さんに褒められたことはどんなことですか。
・お父さんとお母さんの好きなところを教えてください。
・お父さんとお母さんはお家で何をしていますか。
・最近家族で行ったところで楽しかったところはどこですか。

〈時　間〉　10分程度

家庭学習のコツ　**効果的な学習方法～問題集を通読する**

過去問題集を始めるにあたり、いきなり問題に取り組んではいませんか？　それでは本書を有効活用しているとは言えません。まず、保護者の方が、すべてを一通り読み、当校の傾向、ポイント、問題のアドバイスを頭に入れてください。そうすることにより、保護者の方の指導力がアップします。また、日常生活のさまざまなことから、保護者の方自身が「作問」することができるようになっていきます。

問題 1

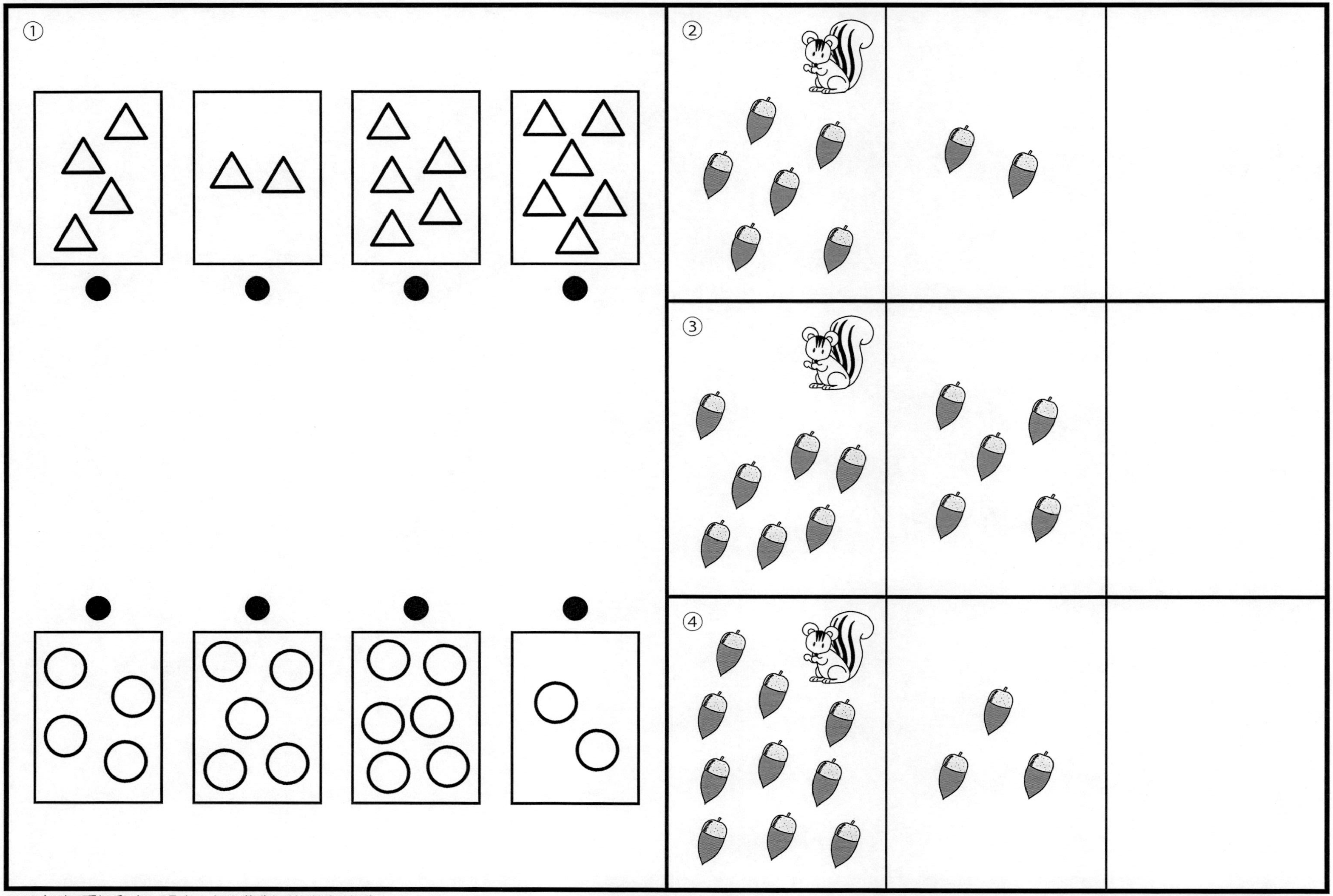

①

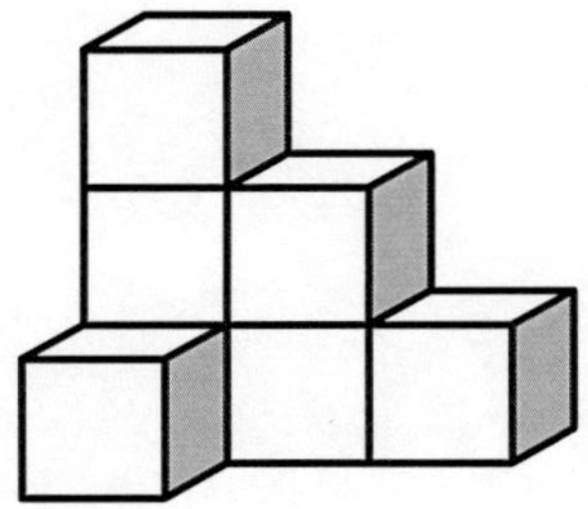

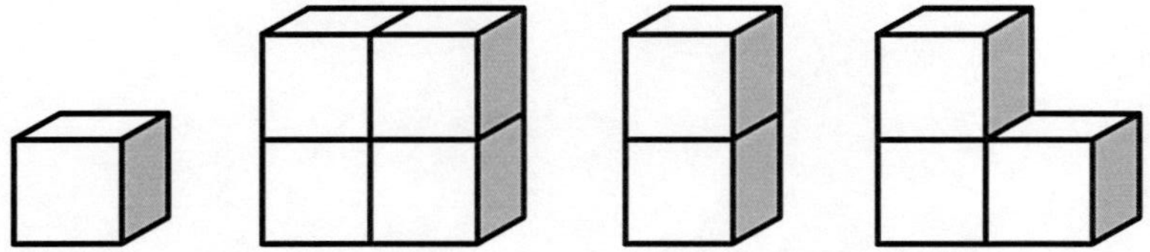

②

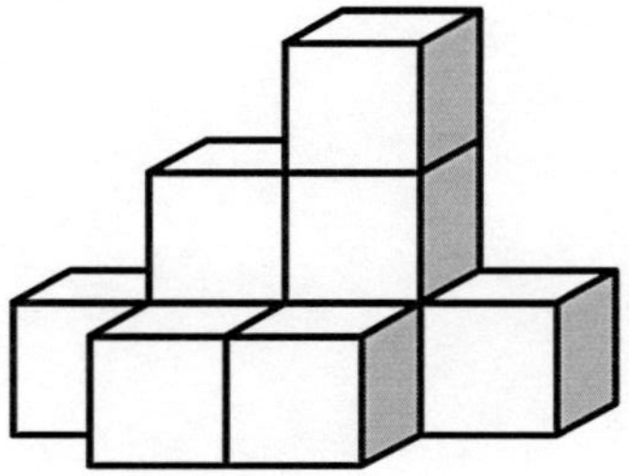

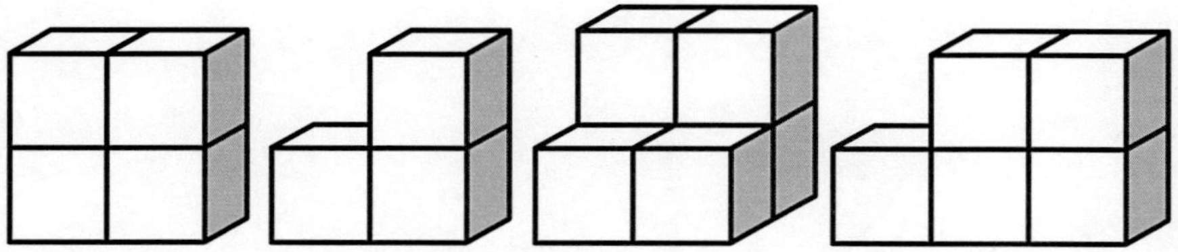

③

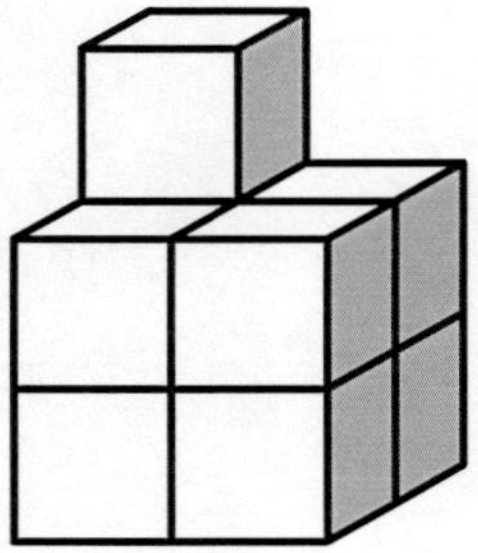

④

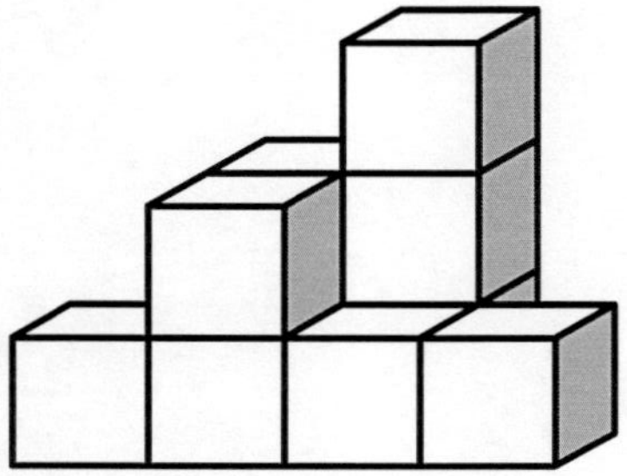

☆南山大学附属小学校

問題3

①

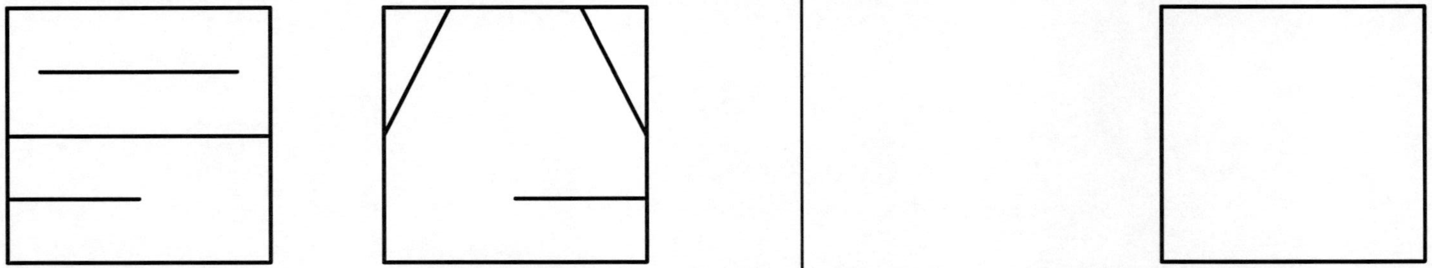

②

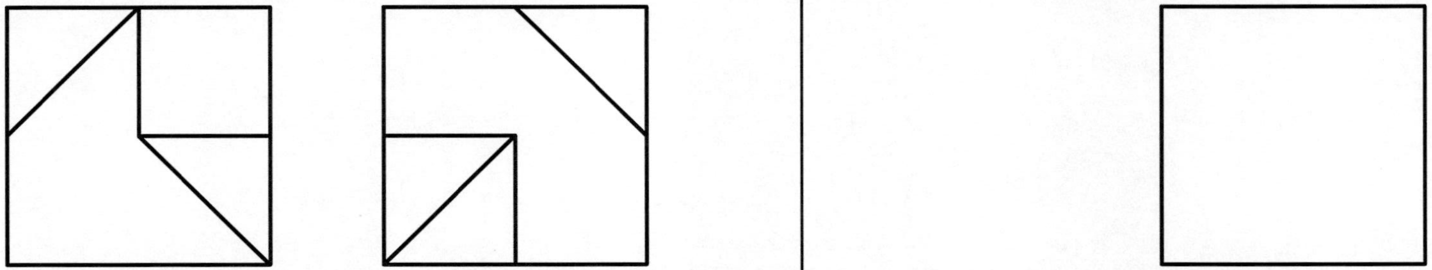

③

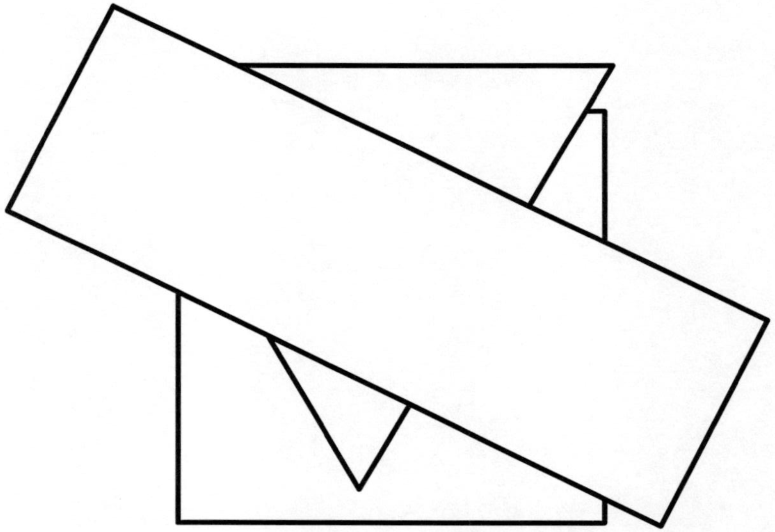

☆南山大学附属小学校

問題４

①

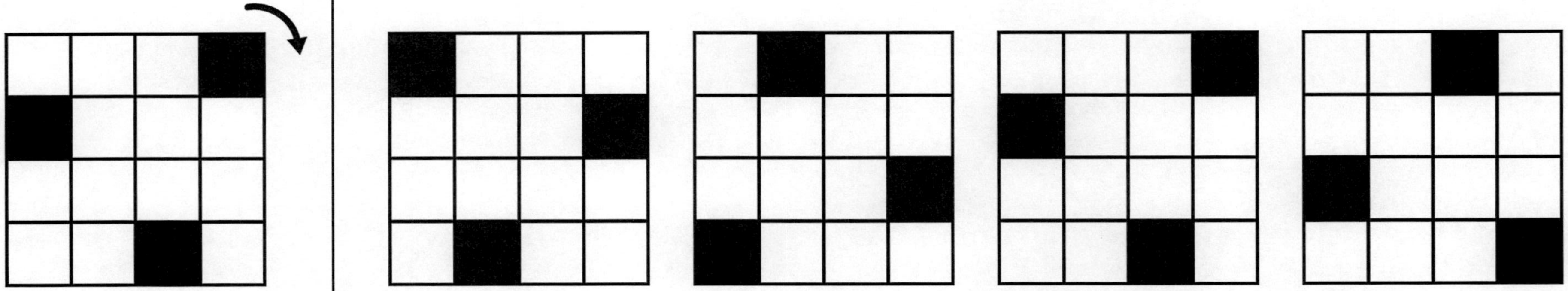

②

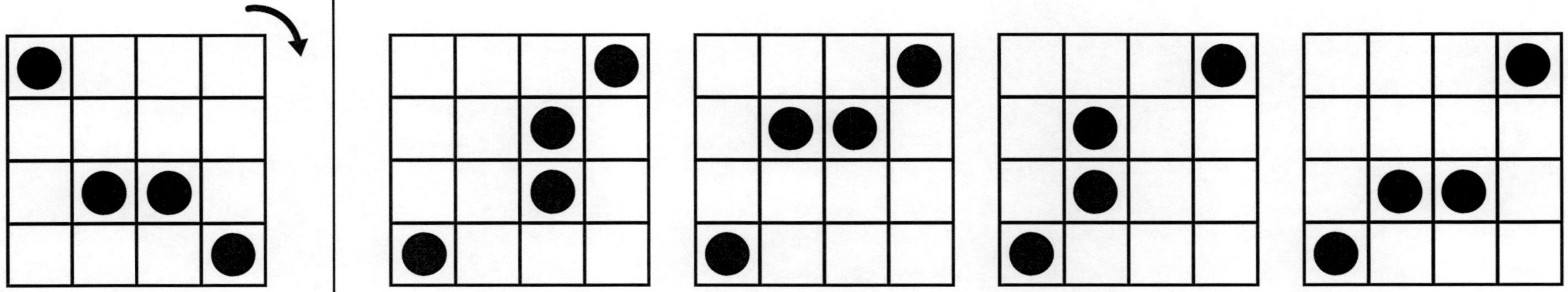

③

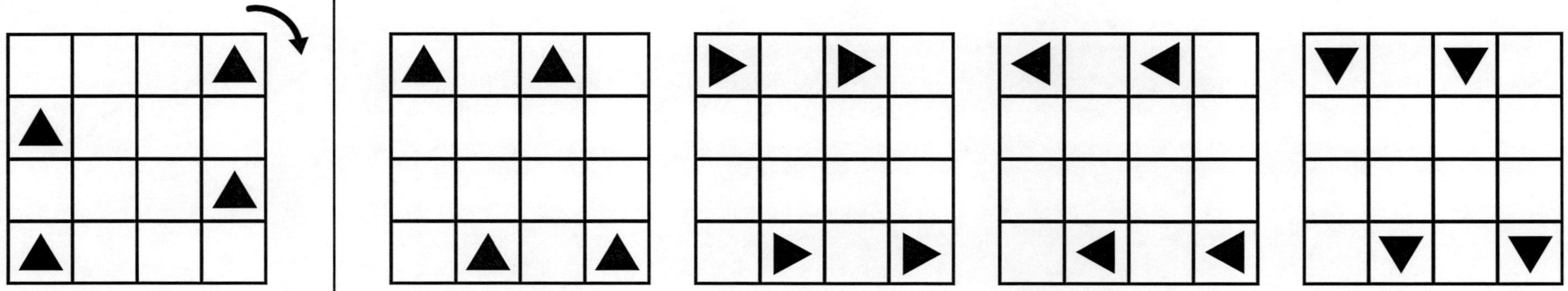

☆南山大学附属小学校

2022年度 愛知私立 過去　無断複製／転載を禁ずる　日本学習図書株式会社

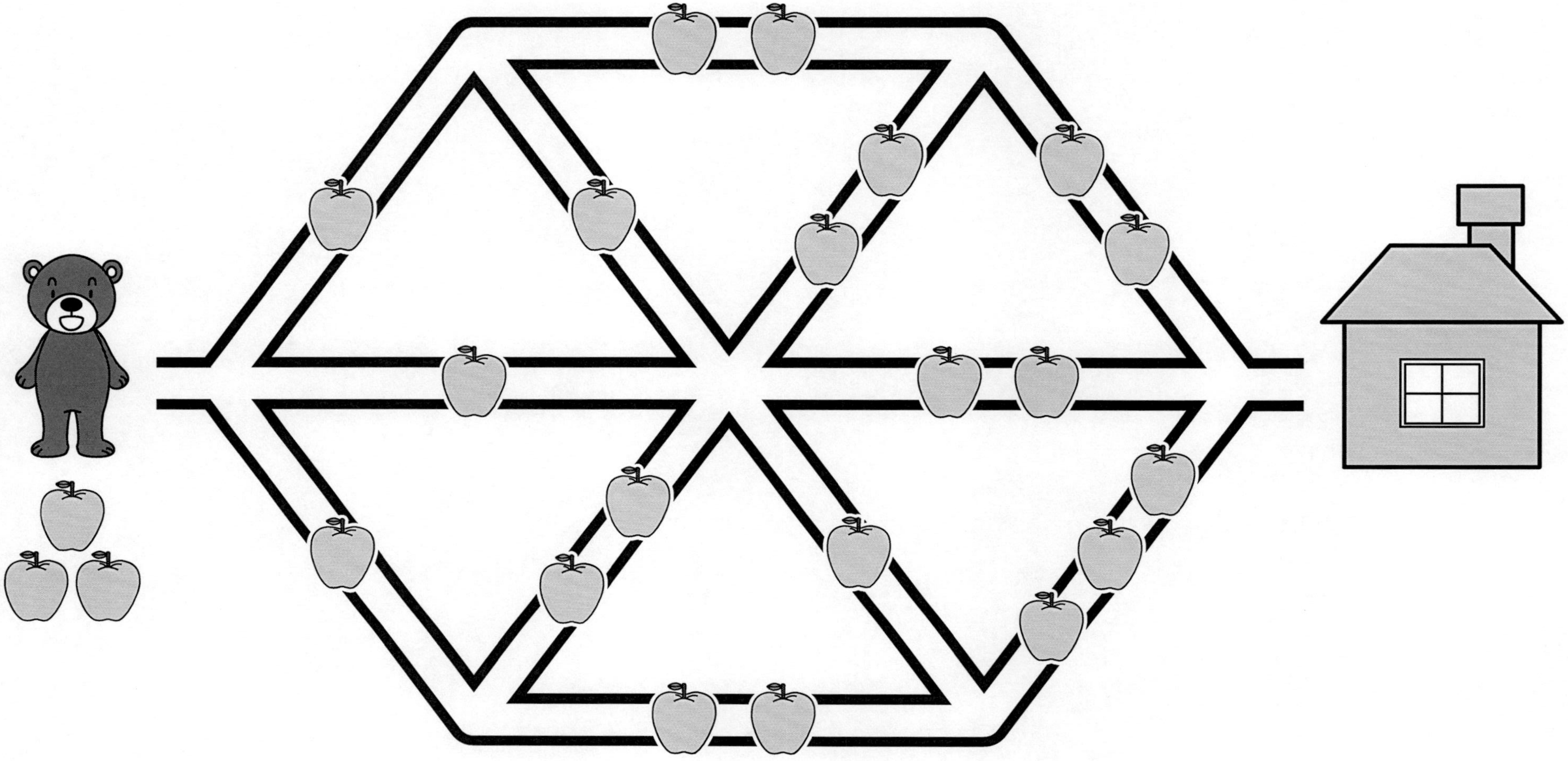

問題6

☆南山大学附属小学校

① ② ③

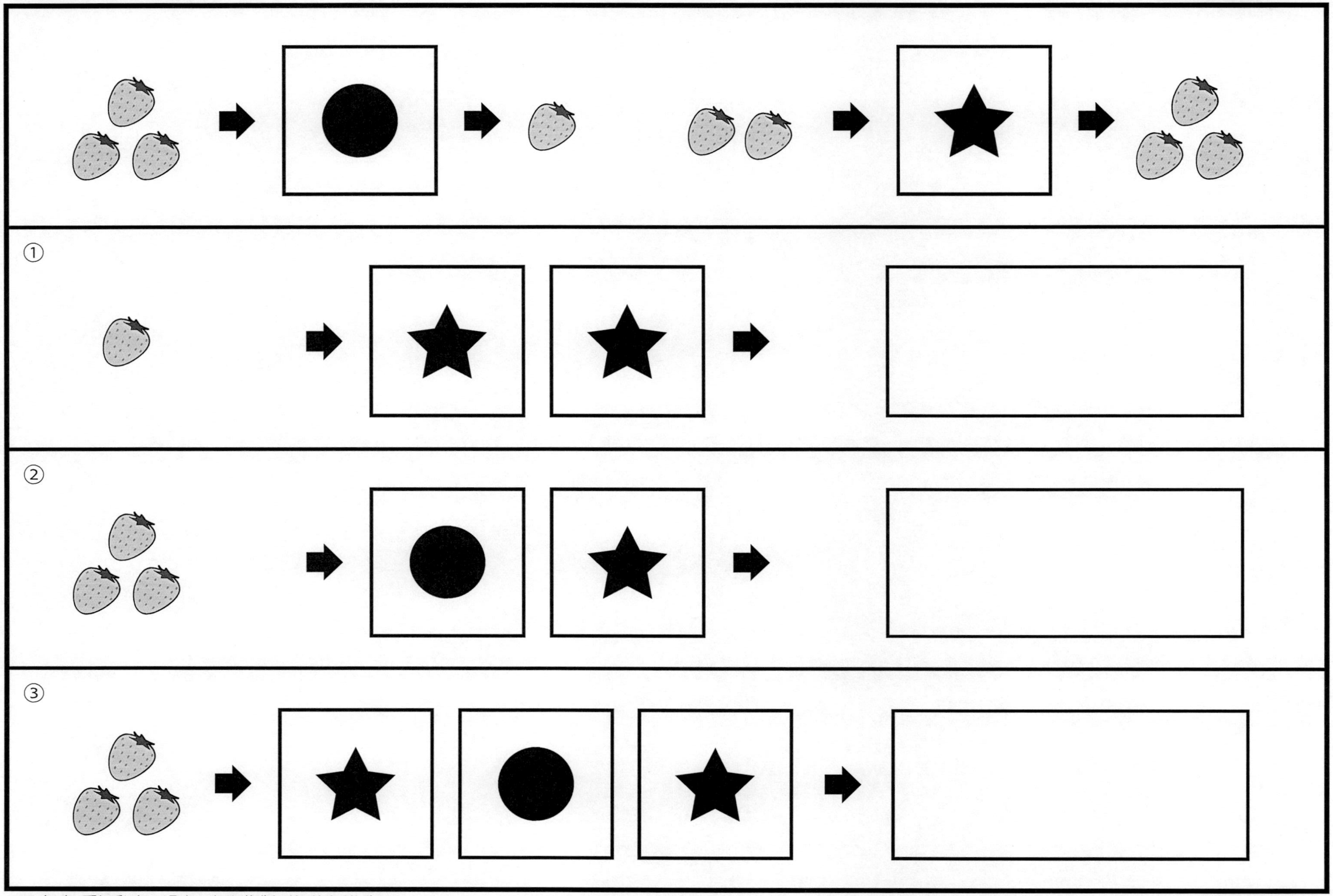

☆南山大学附属小学校

問題7

①

②

③

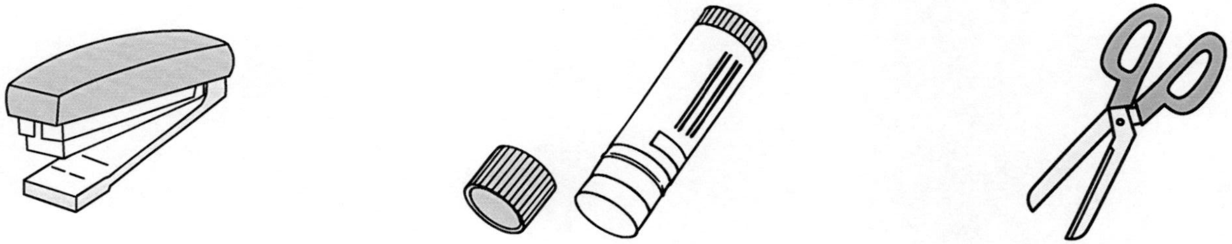

④

☆南山大学附属小学校

問題 8

問題 9

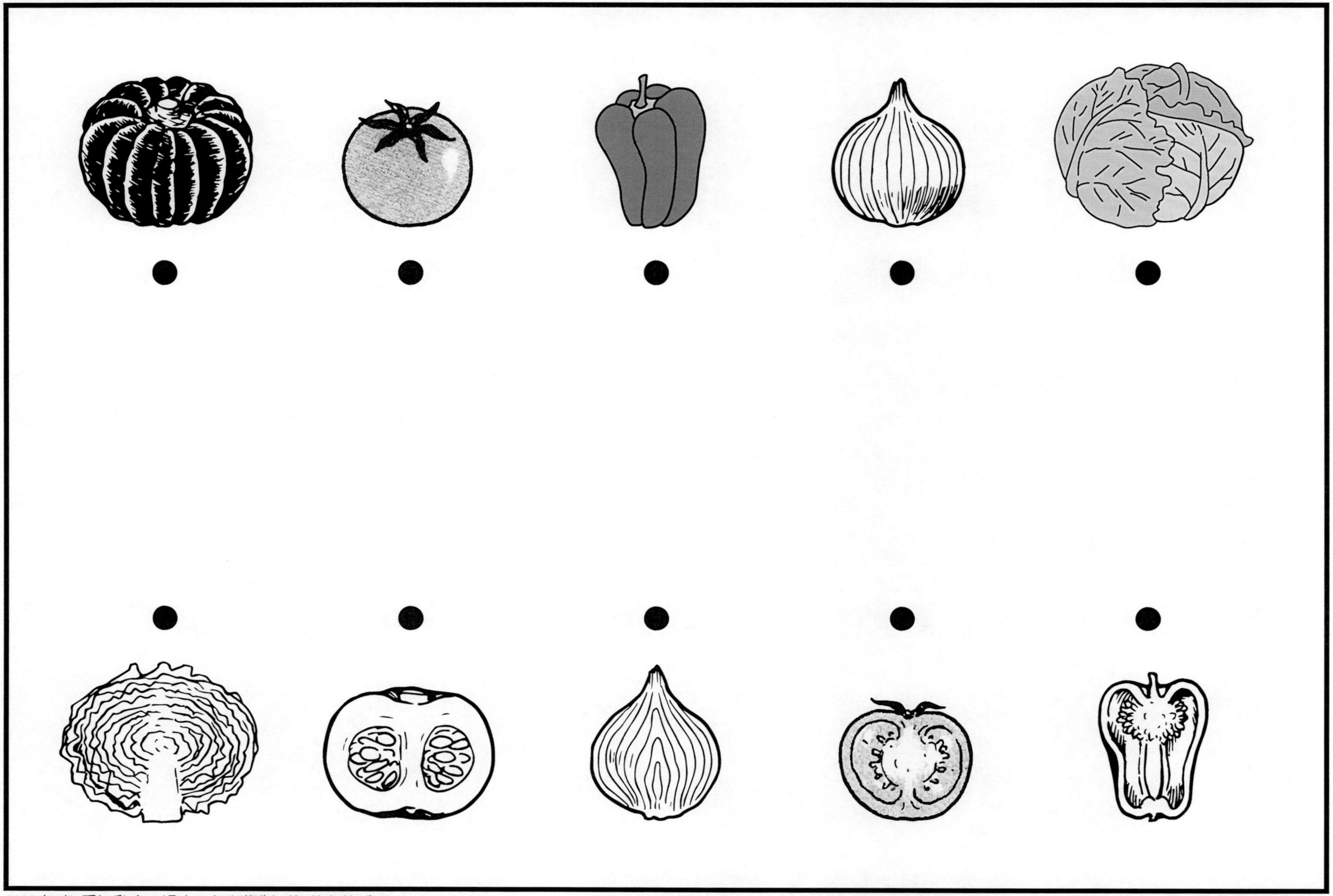

☆南山大学附属小学校

問題１０

①

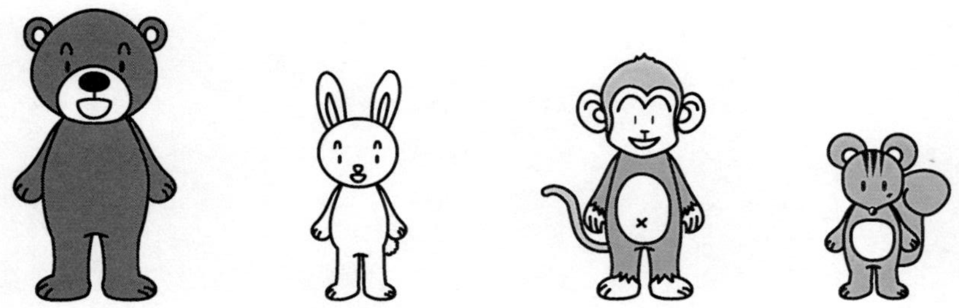

②

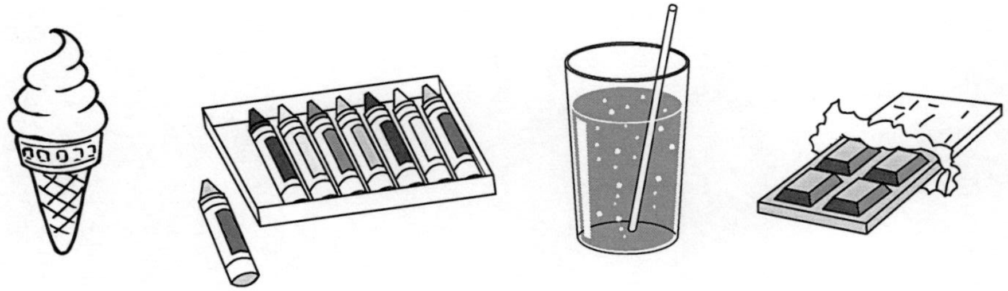

③

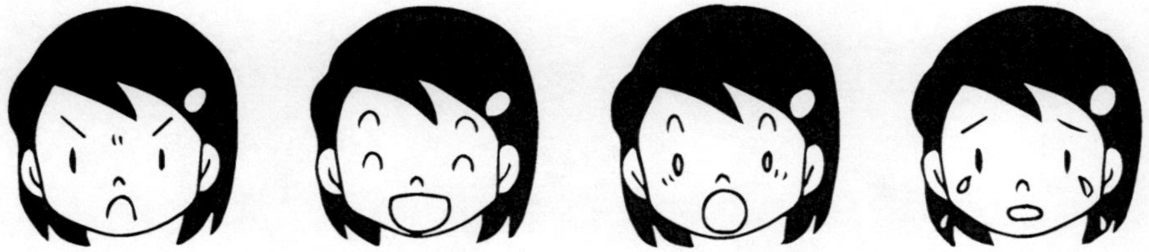

④

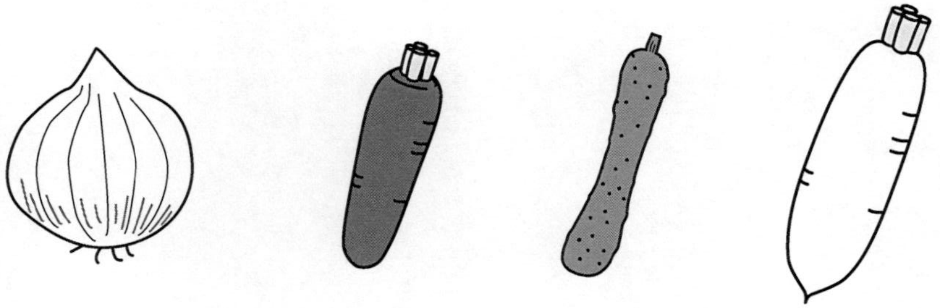

⑤

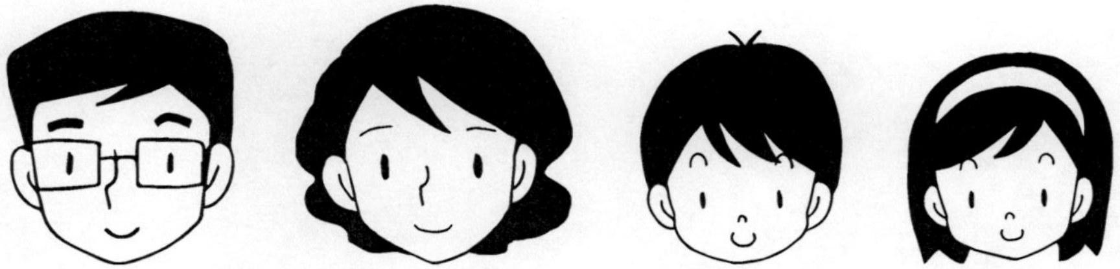

⑥

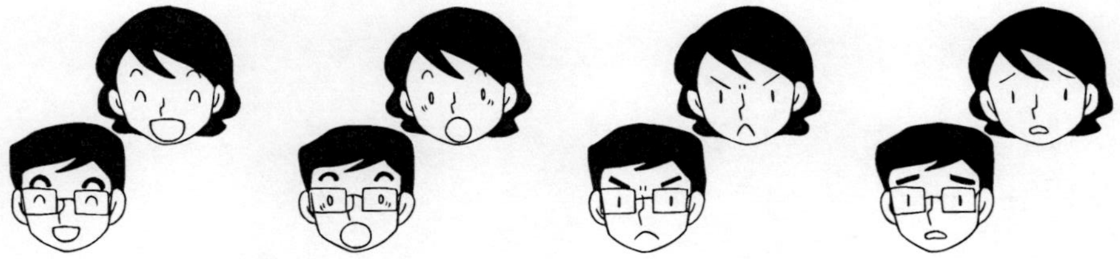

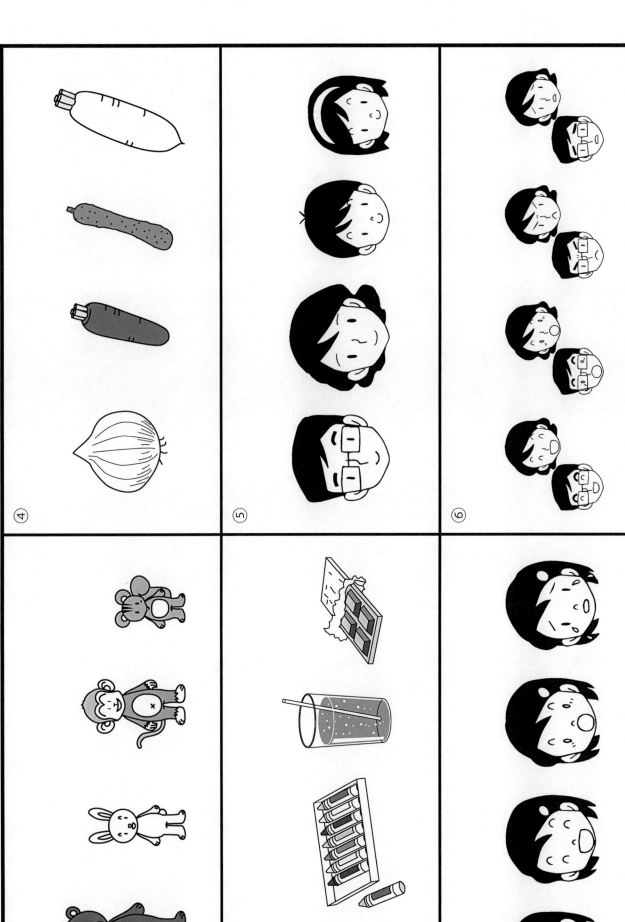

問題１１

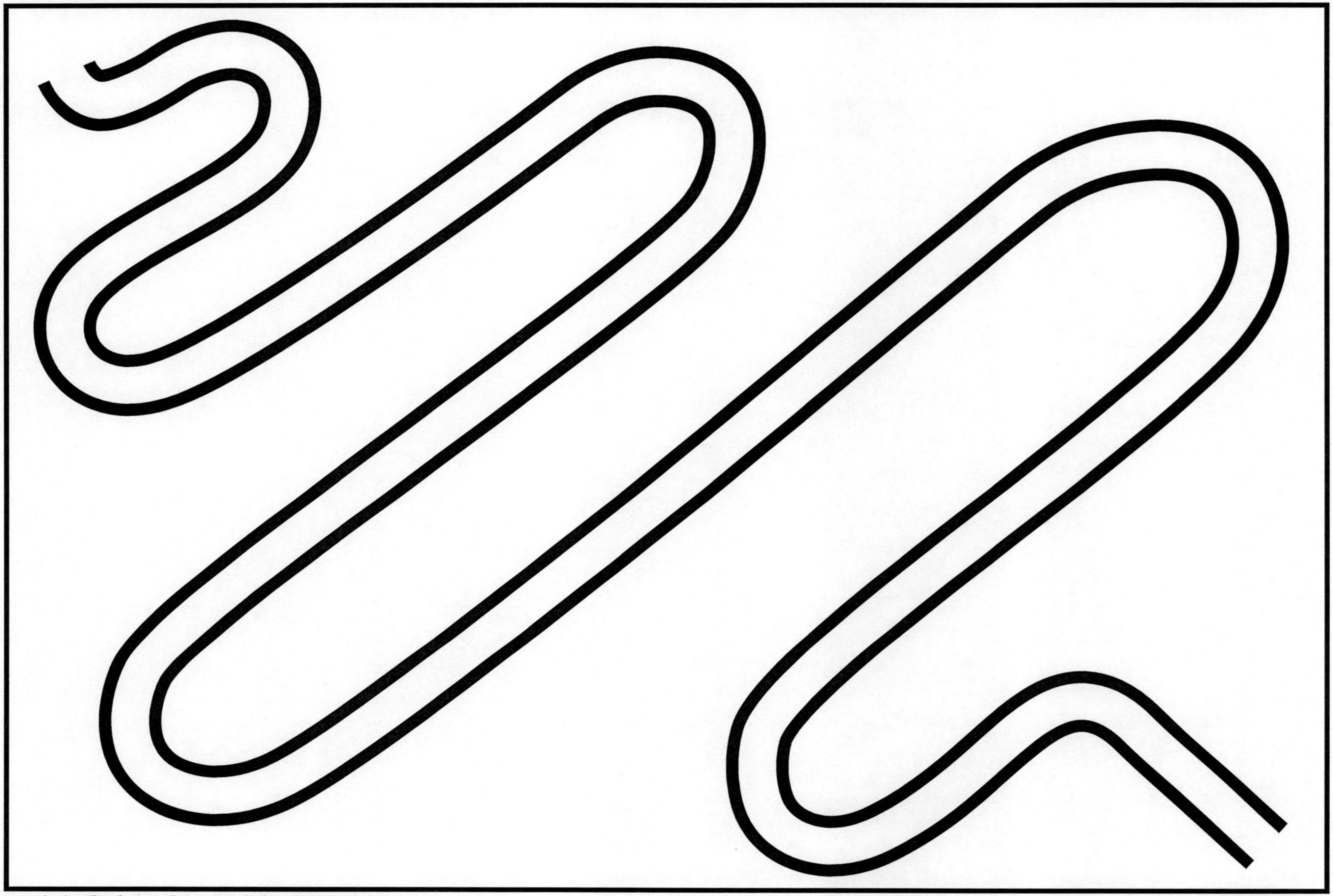

2021年度入試
解答例・学習アドバイス

解答例では、制作・巧緻性・行動観察・運動といった分野の問題の答えは省略されています。こうした問題では、各問のアドバイスを参照し、保護者の方がお子さまの答えを判断してください。

問題1　分野：数量（同数発見、ひき算）

〈解 答〉　下図参照

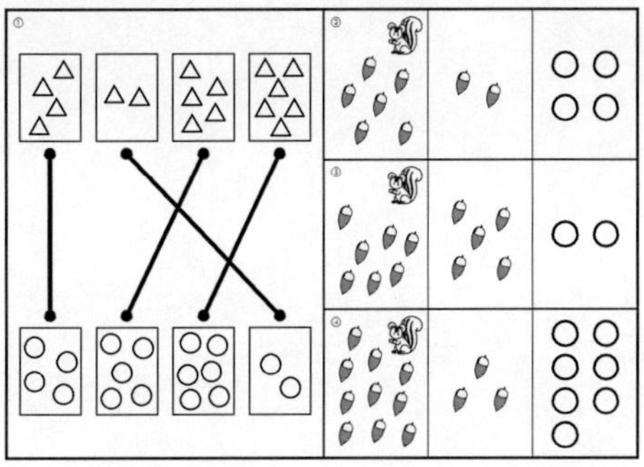

当校のペーパーテスト全般に言えることですが、基礎的な学習を積んでおけば対応できる問題が大半です。ただし、数量の中から同数発見、ひき算、数を分ける、積み木などの出題があるように、分野の中でも幅広い学習が必要になります。同じ分野の中でさまざまな出題があるということは、何を問われているのかを問題ごとに切り替えて考えなければいけないということです。解答欄の絵を見て「これは○○の問題だ！」というように、先走ってしまうとミスにつながります。幅広く出題される反面１つひとつの問題数が少ないので、問題を聞き逃したり、勘違いしたりしてしまうとその問題すべてができなくなってしまう可能性もあります。基本的なことではありますが、問題をよく聞いてから解答することを徹底しましょう。

【おすすめ問題集】

Ｊｒ・ウォッチャー36「同数発見」、38「たし算・ひき算１」、
39「たし算・ひき算２」

問題2　分野：数量（数を分ける、積み木）

〈解答〉　①左から２番目、右端　②左端、右端　③○：２　④○：１

①②は悩んだお子さまも多いかもしれません。形を組み合わせると考えてしまうと答えは出ません。ここで問われているのは積み木の数です。例えば、①の問題を数字で表せば、「７」にするためには「１」「４」「２」「３」のどれを合わせればよいでしょうということです。積み木の形は一切関係なく、数だけを考えればよいのです。③④は実際に積み木を使って考えるのが理解へ近道です。平面から立体をイメージするのはお子さまにとってハードルの高い作業なので、まずはペーパーではなく「もの」を使って考えるようにしてください。それがペーパー学習の基礎になり、深い理解へとつながっていきます。

【おすすめ問題集】

Ｊｒ・ウォッチャー16「積み木」、40「数を分ける」

問題3　図形（重ね図形、図形の重なり）

〈解答〉　下図参照

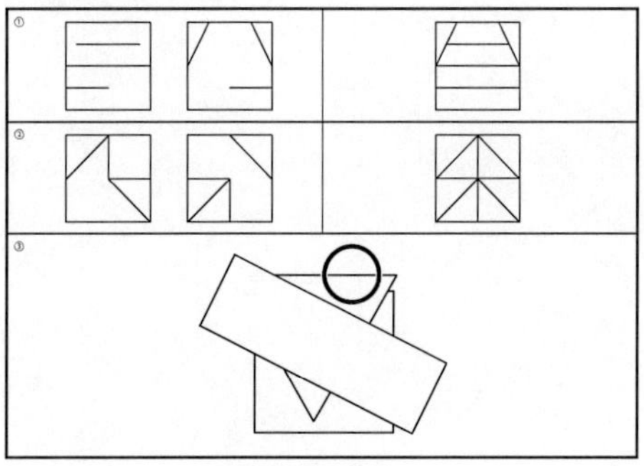

重ね図形の問題ですが、その形を描かなければいけないので、選択肢の中から選ぶ問題に比べると難しさは格段に上がります。また、四角の中に引かれた線の重ね図形というイメージしにくい形なので、難しく感じたお子さまも多かったのではないでしょうか。もし、できなかったのであれば、同じようなレベルの難しい問題に取り組むのではなく、できるところまで戻ることが大切です。やみくもに難しい問題を解いても理解できるようになるわけではありません。「できる」「わかる」を少しずつ積み重ねていくことによって、難しい問題にも対応できるようになっていくのです。

【おすすめ問題集】

Ｊｒ・ウォッチャー35「重ね図形」

問題4　分野：図形（回転図形）

〈解 答〉　①右端　②右から２番目　③左から２番目

オーソドックスな回転図形の問題なので、しっかりと正解しておきたいところです。回転図形が今ひとつ理解できていないのであれば、「角」に注目するようにしましょう。①であれば、右上の黒いマス目は１回まわすと右下に移動します。角から角へと移動していくイメージです。②③ではこの方法は通用しませんが、理解のきっかけにはなるでしょう。はじめのうちは特徴的な部分に注目して、どう回転するかを考えていくのですが、回転図形には絵を回転させるものもあるので、最終的には図形（絵）全体を回すイメージができるようにならなければいけません。

【おすすめ問題集】
　Ｊｒ・ウォッチャー46「回転図形」

問題5　分野：推理（迷路）

〈解 答〉　下図参照

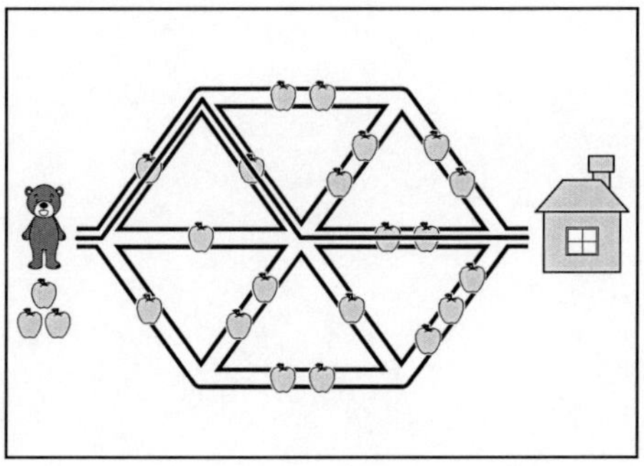

形としては迷路ですが、たし算の問題と考えることができます。クマさんがリンゴを３つ持っていて、最終的には７つにしたいので、道にあるリンゴを４つ拾えばよいということです。こうした時に数の構成を理解しているとスムーズに問題を進めることができます。例えば、「４」は「２と２」「１と３」「１と１と２」からできているということがわかっていれば、どう進むべきなのかも見えてきやすいでしょう。ゴールから逆算していくという考え方もありますが、解答を見れば、逆方向に線を引いていることはわかってしまいます。学習時の１つの取り組みとしてはありかもしれませんが、試験本番ではやめておいた方がよいでしょう。

【おすすめ問題集】
　Ｊｒ・ウォッチャー７「迷路」、38「たし算・ひき算１」、
　39「たし算・ひき算２」、41「数の構成」

問題6　分野：推理（ブラックボックス）

〈解答〉　①○：３　②○：２　③○：３

●の箱を通ると２つ減り、★の箱を通ると１つ増えるというお約束のブラックボックスの問題です。ブラックボックスでも、本問のような数の増減だけの場合は、数量の問題としてとらえた方がシンプルに考えることができます。はじめのうちは箱ごとに増減を確認しながら解いていくやり方が確実ですが、箱全体でいくつの増減があるかをまとめて考えられるようになると効率よく解けるようになります。ただし、ブラックボックスには数量の増減だけでなく、形の変化や向きの変化などもあります。なので、数量としてとらえたとしても、どんな法則で変化をするのかをしっかりと理解しながら問題に取り組むことを忘れないようにしてください。

【おすすめ問題集】
Ｊｒ・ウォッチャー32「ブラックボックス」

問題7　分野：推理（比較、なぞなぞ）

〈解答〉　①真ん中　②左　③真ん中　④右

①②は比較の問題ですが、耳からの情報のみで考えなくてはならないので、慣れていないと戸惑ってしまうかもしれません。考え方としては一般的な比較の問題としてよく出題されるシーソーと同じです。ブドウジュース＞イチゴジュース、オレンジジュース＞ブドウジュースなので、オレンジジュース＞ブドウジュース＞イチゴジュースとなります。この比較を頭の中にイメージできるかどうかがカギになります。③④はなぞなぞというのか連想ゲームというのか、ヒントを手がかりに正解を見つける問題です。少し引っかけ的な選択肢はありますが、問題を聞いて最初にひらめいた答えをそのまま選ぶことができれば正解になるでしょう。選択肢の中から選ぼうとすると迷ってしまうこともあるので、自分の出した答えを選択肢の中から探すようにしましょう。

【おすすめ問題集】
Ｊｒ・ウォッチャー15「比較」、31「推理思考」、58「比較②」

問題8　分野：言語（尾音つなぎ）

〈解答〉　右から２番目（カタツムリ）

５つの絵の尾音を並べ替えて１つの言葉にするというのが本問で問われていることなのですが、素直にその作業をすると、５つの音を並べ替えて１つの言葉を作らなくてはいけません。ぱっとひらめいて言葉が出てくればよいのですが、つまずいてしまうと時間だけが過ぎていってしまいます。
テクニック的な話にはなってしまいますが、違った解き方をここでは紹介しておきます。例えば、ブタの「た」の音を下の選択肢から探します。「た」の音が入っているのは、カタツムリだけなのでそれが正解になります。本問ではすぐに正解にたどり着いてしまいましたが、この作業を繰り返していくことで、ひらめかなくても確実に正解することができます。言葉の音をしっかりと理解することが最優先ですが、こうした方法もあるということを覚えておくとよいかもしれません。

【おすすめ問題集】
Ｊｒ・ウォッチャー17「言葉の音遊び」、18「いろいろな言葉」、
60「言葉の音（おん）」

問題9　分野：常識（理科）

〈解答〉　下図参照

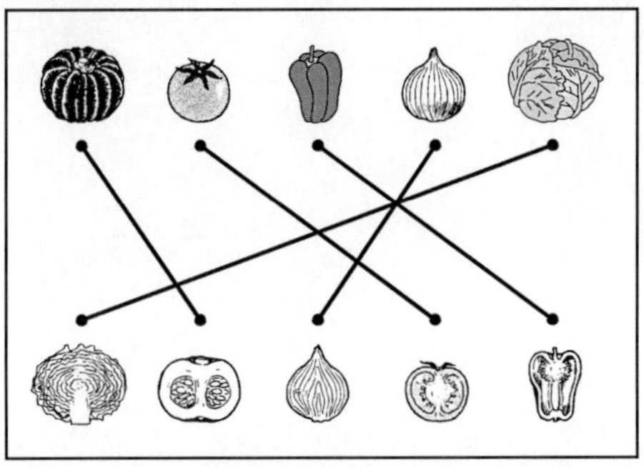

こうした問題をペーパー上の知識で覚えてしまうと、イラストのタッチが変わったり、写真で出題されたりした時に対応できなくなってしまうことがあります。そうならないためにも、できるだけ生活の中で実際に目にして知識を身に付けていくようにしましょう。目の前で野菜を切る様子を見ることは、断面の形を覚えるだけでなく、その色や匂いや手触りなど、さまざまな情報がインプットされます。そうした経験はペーパー学習では得られない大切なものです。それだけでなく、その野菜を使ってどんな料理をするのか、その野菜の旬はいつなのかといったこともいっしょに学んでいけば、知識の幅がもっと広がっていきます。少し手間はかかってしまうかもしれませんが、生活の中で学べることは実際に体験させてあげるようにしてください。

【おすすめ問題集】
Ｊｒ・ウォッチャー27「理科」、55「理科②」

問題10　分野：お話の記憶

〈解答〉　①左端（クマ）　②右端（チョコレート）　③左端（怒った顔）
④左から２番目（ニンジン）　⑤左端（お父さん）　⑥右端（心配な顔）

例年出題されている、短文のお話に３問程度の質問という形のお話の記憶です。短いお話をしっかり聞いていれば答えられる①②④⑤は確実に正解しておかなければいけない問題です。本問で重視されているのは登場人物の気持ちを問う③⑥になるでしょう。大人からすれば簡単に理解できる相手の気持ちも、お子さまの年齢では意外とわからなかったりするものです。そんな時は、自分がお姉ちゃん（お父さん、お母さん）だったらどんな気持ちになるかというように、自分の気持ちに置き換えて考えさせるようにしてみてください。自分がどんな気持ちになるかを考えることで、相手の気持ちを想像させるのです。こうしたことは日常生活の中でもできるので、折を見て問いかけるようにしていきましょう。

【おすすめ問題集】
1話5分の読み聞かせお話集①・②、お話の記憶問題集 初級編、
Ｊｒ・ウォッチャー19「お話の記憶」

問題11　分野：巧緻性（運筆）

〈解答〉　省略

当校のペーパーテストでは消しゴムを使うことができますが、運筆のテストでたくさんの消し跡があると印象がよくないので、できるだけ使わずに済ませたいところです。運筆がうまくできない原因の多くは鉛筆の持ち方にあります。つまり、運筆は鉛筆をきちんと持てているかどうかを観る課題といってもよいでしょう。もし、お子さまの鉛筆の持ち方が正しくなかったとしたら、すぐに直すようにしてください。間違った持ち方に慣れてしまっていると、直すにはある程度の時間がかかります。試験に向けてということももちろんありますが、小学校入学後も大切なことなので、今のうちにしっかりと正しい持ち方ができるように修正しましょう。

【おすすめ問題集】
Ｊｒ・ウォッチャー51「運筆①」、52「運筆②」

問題12　分野：制作（折り紙）

〈解答〉　省略

本問のように、好きな折り紙を選んで好きなように折るという自由度の高い課題を与えられると、何をすればよいのかわからなくなってしまうお子さまがいます。具体的な指示があればそつなくこなせるのに、自分で考えて行動することが苦手なのです。単純に見えますが、しっかりとした行動観察と言える課題です。だからといって特別な対策をする必要はありません。家庭学習の時などに「次は好きなことをやっていいよ」というように、自分で考えたり、選んだりできるような取り組みをしてあげるだけで充分です。受け身ではなく自発的・積極的に行動できるお子さまを学校は望んでいます。指示を守りつつ、積極的に行動できるようにしていきましょう。

【おすすめ問題集】
実践 ゆびさきトレーニング①・②・③

問題13　分野：口頭試問

〈解答〉　省略

ある意味正解のない質問なので、何を答えるのかが重要なわけではありません。質問の意味を理解し、それに沿った回答ができるという、いわゆるコミュニケーション能力が観られているといってもよいでしょう。一問一答形式ではなく、１つの質問を掘り下げていく形なので、答えの根拠や理由を聞かれます。その時に「〇〇なので××です」という形で答えられると、しっかりと会話ができていると言えます。つまり、自分の考えを「言語化」できることが重要なのです。小学校受験も、ただ知識を詰め込めば合格できるという時代ではありません。小学校入試でも自分の考えが言えることが必要になってきているのです。

【おすすめ問題集】
新 口頭試問・個別テスト問題集、新 ノンペーパーテスト問題集

問題14　分野：親子面接

〈解 答〉　省略

面接官3名と保護者（両親）＋志願者という形で面接が行われます。願書に記入した内容からの質問が多く、質問は家庭ごとに異なっています。また、1つの質問を掘り下げる形で進められるので、答えを準備して面接に臨んでもあまり意味はありません。いずれにせよ学校の教育理念と家庭の教育理念が合っているか、家族のコミュニケーションがとれているかといったところが観られているので、そうした点を保護者の間で共有して面接に臨むようにしましょう。志願者、父親、母親に対する質問の割合も家庭ごとに異なっているようなので、その場での対応力が求められる面接と言えます。

【おすすめ問題集】

新 小学校受験の入試面接Q＆A、家庭で行う面接テスト問題集、
保護者のための面接最強マニュアル

問題15　分野：お話の記憶

〈準 備〉　鉛筆

〈問 題〉　お話を聞いてから、次の質問に答えてください。

ケンタくんはお友だちといっしょに公園で遊びました。夕方になってから、頼まれたおつかいを思い出し、八百屋さんに向かいました。八百屋さんでジャガイモを２個、ブロッコリーを３個買いました。次に、お肉屋さんへ向かいました。お肉屋さんへ向かう途中でかわいいネコを見かけました。お肉屋さんでお肉を買って家に帰ると、お母さんが家の前で心配そうに待っていました。

（問題15-１の絵を渡す）

①２番目に行ったのは何屋さんですか。○をつけてください。
②八百屋さんで買った野菜の数を合わせるといくつになりますか。その数だけ○を書いてください。
③ケンタくんがおつかいの途中で見かけた動物は何ですか。○をつけてください。

みなみさんがお姉さんを起こして、いっしょに食卓へ向かうと、お父さんが新聞を読んでいました。今日は家族みんなでピクニックへ行く日です。お母さんの手作りのお弁当を持って、お父さんが車を運転して牧場へ向かいました。到着して遊んでいたら、お昼の時間になりました。お母さんが家族全員の好きなものをお弁当に入れてくれていました。みなみさんはおにぎり、お姉さんはたまご焼き、お父さんはエビフライ、お母さんはウインナーです。みんながおいしいと言ったので、お母さんは大喜びです。

（問題15-２の絵を渡す）
④みなみさんの家族は何に乗って牧場へ向かいましたか。○をつけてください。
⑤みなみさんの家族は何人ですか。その数だけ○を書いてください。
⑥みなみさんの好きなものに○をつけてください。

〈時 間〉　各20秒

〈解 答〉　①右から２番目（お肉屋さん）　②○：５　③左から２番目（ネコ）
④右端（車）　⑤○：４　⑥左端（おにぎり）

［2020年度出題］

学習のポイント

当校のお話の記憶では、男児・女児問わず、例年200字ほどの短いお話が出題されています。当校のお話の特徴は、違うお話が２つ出題されていることとそれらのお話の展開がよく変わるということです。一般的にこの字数のお話だと１つの場面だけでお話が完結する場合がほとんどですが、ここでは２転３転とお話が展開します。そして設問についても、それぞれの展開の内容について聞かれていることがほとんどなので、１つひとつの展開を逃さないようにお話を聞き取る必要があります。そのためにはお話の場面をイメージして聞き取ることが解くためのポイントとなります。お話をイメージすることは、言葉を１つひとつ記憶するよりも記憶しやすいからです。ですから、日頃の学習で読み聞かせをする場合、お話の途中や後で保護者の方はお子さまに質問をしてください。お子さまは質問に答えるためにお話を思い出そうとします。この動作を繰り返し行っていけば、自然とお話をイメージすることができるようになります。

【おすすめ問題集】

１話５分の読み聞かせお話集①・②、お話の記憶問題集 初級編・中級編

問題16　分野：図形（回転図形）

〈準備〉　鉛筆

〈問題〉　黒い矢印の方向に図形が回転する場合、右端の図形のどの位置に黒丸が入るでしょうか。正しい位置に黒丸を書いてください。

〈時間〉　１分

〈解答〉　下記参照

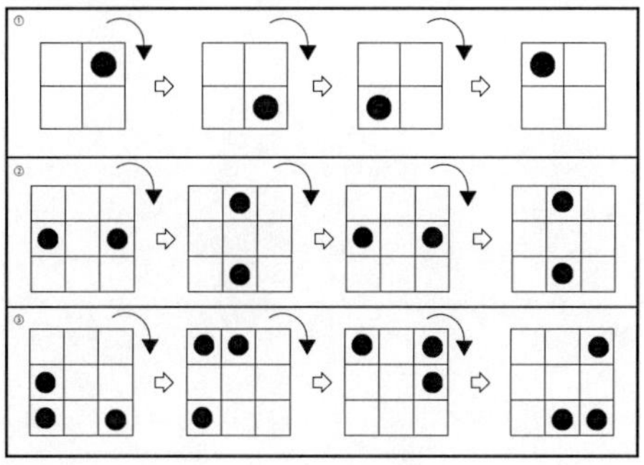

［2020年度出題］

学習のポイント

この問題は図形が回転する動きを予測して、正しい位置に印をつける問題です。小学校受験で言われる「回転する」とは、矢印の方向へ90度傾かせるという意味です。この問題の場合は矢印が図形の右上にあるので、「右に傾ける」が「回転する」ということになります。では①の問題を見てください。左端の図形を見ると、図形の特徴である印は右上のマスに書かれています。次の動きを見ると、それが右下へ移動していることがわかり、さらにその次の動きを見ると左下へ移動しています。これらの動きを踏まえれば、答えは左上に印をつけるということがわかります。実際に図形が回転する動きを見れば、もっとお子さまが問題を理解できると思うのでやってみてください。方法は、問題と同じ図形を紙に書いて、お子さまにその紙を回転させます。こうすると、ペーパー学習を何題も繰り返して理解するより早く「回転する」ことを理解できるようになります。

【おすすめ問題集】

Ｊｒ・ウォッチャー46「回転図形」

問題17　分野：図形（同図形探し）

〈準　備〉　鉛筆

〈問　題〉　上の図形と同じ図形を下の四角の中から見つけて○をつけてください。

〈時　間〉　１分

〈解　答〉　下記参照

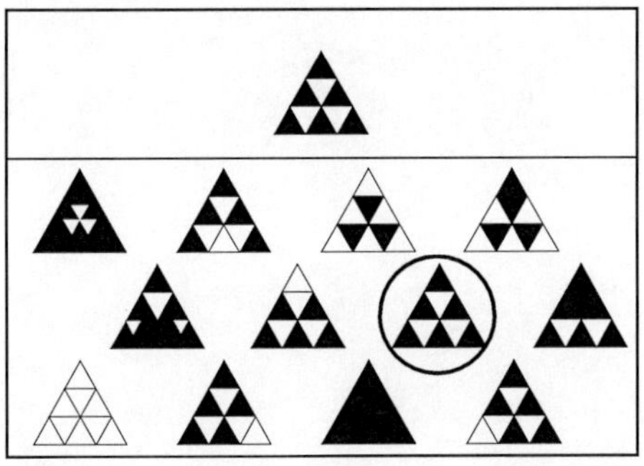

［2020年度出題］

学習のポイント

上の図形と同じ図形を下の選択肢の中から見つけ出す「同図形探し」の問題です。この年齢のお子さまであれば、「同じものを探す」と言えば問題の理解はできると思います。ですからそれほど難しい問題ではありません。ですが、この「同図形探し」の問題は選択肢の数が多いと、その分間違えやすくなります。この問題は選択肢の数が12個と多いので、そのようなミスをしやすいと言えるでしょう。そうしないために、一見して明らかに違う図形は見比べる対象から除外することから始めましょう。その時にポイントになるのが、図形の特徴を把握することです。１つだけでも構いません。この問題で言うならば、「白の下三角形が３つ」を特徴とします。この特徴だけでも、選択肢を絞れることができ、あとはそれらと見本を見比べたらよいというわけです。

【おすすめ問題集】

Ｊｒ・ウォッチャー４「同図形探し」

問題18　分野：言語（しりとり）

〈準 備〉　鉛筆

〈問 題〉　左側の絵から右側の絵へ、しりとりをしながら進みます。それぞれの列の絵の中から、正しいものを選んで○をつけてください。

〈時 間〉　１分

〈解 答〉　下図参照

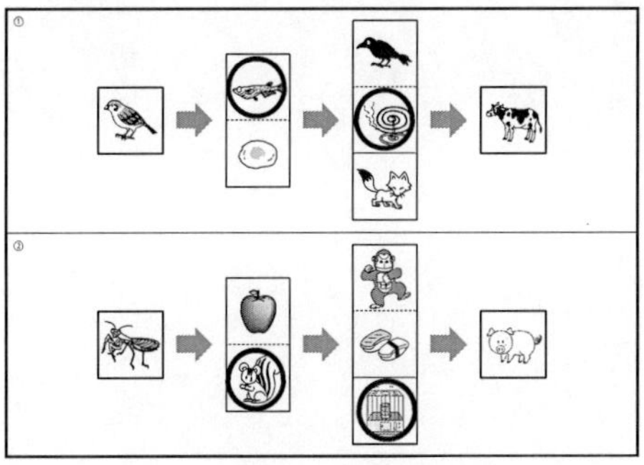

［2020年度出題］

学習のポイント

言語分野の問題では、年齢相応の語彙力と、言葉を音の集合として理解できているかが問われています。つまり、日常生活の中で必要とされる言葉を増やしてきたか、言葉を使った遊びなどを通して、言葉と積極的に関わってきたかどうかが観られていると言えます。ですので、机の上での学習をする必要はありません。日常生活や遊びの中で、語彙力を身に付けていくようにしましょう。その際、保護者の方や志願者の身近にいる方は、正式な名称をお子さまに教えてあげましょう。地域特有の言い方、家庭内でしか伝わらない言い方などは試験では通用しません。

【おすすめ問題集】

Ｊｒ・ウォッチャー18「いろいろな言葉」、49「しりとり」、
60「言葉の音（おん）」

問題19　分野：推理（系列、迷路）

〈準 備〉　鉛筆、消しゴム

〈問 題〉　（問題19－１の絵を渡す）
①あるお約束にしたがって絵が並んでいます。空いているところに当てはまる形を書いてください。
（問題19－２の絵を渡す）
②この迷路の左上の☆から★まで線をつないでください。その際、ヘビのいるところは通らないようにしてください。斜めにも進めません。

〈時 間〉　各１分

〈解 答〉　①下図参照　　②下図参照（解答例）

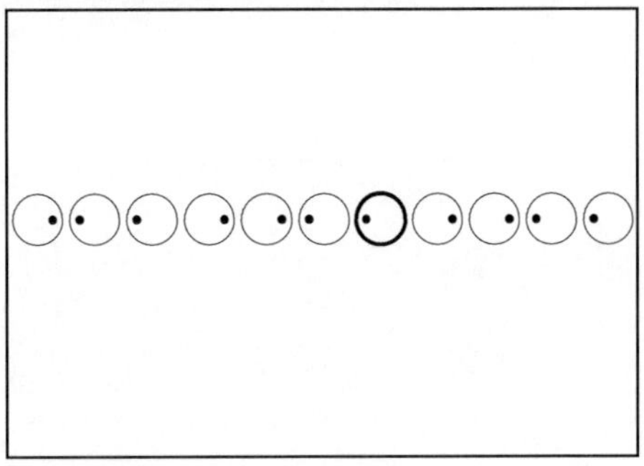

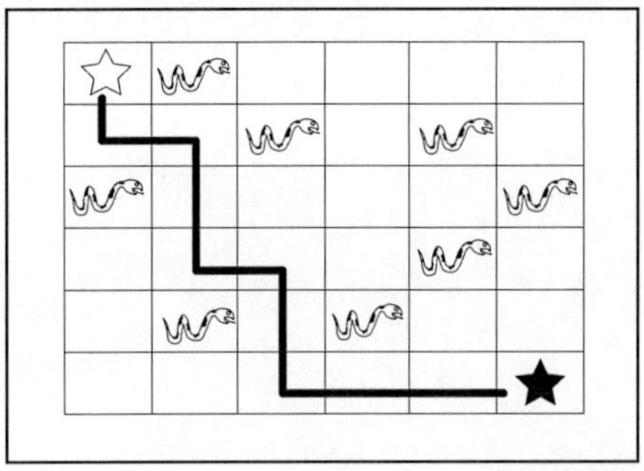

［2020年度出題］

学習のポイント

①の系列の問題では、記号がどのようなお約束で並んでいるのかを考えます。その際、連続した２つの記号の繰り返しに注目できると、お約束が見つけやすくなります。この問題の場合、○の中の●は左寄りのものが２つ続くと、次に●が右寄りのものが２つ続くということがわかり、それらの組み合わせが連続していることから、「お約束」だとわかります。②は迷路の問題です。この時だけ消しゴムが机に置かれました。だからといって、線を何回も書き消せると思わずに、ていねいに１回できれいな線を引くように心がけてください。というのも、消した痕跡のないきれいな線と痕跡のあるきれいな線のどちらかを選ぶとなった場合、誰もが前者を選ぶと思います。ですから消しゴムがあるから安心ではなく、それに頼らないで１回で線を引くという集中力を身に付けておきましょう。

【おすすめ問題集】

Ｊｒ・ウォッチャー６「系列」、７「迷路」

問題20　分野：数量（選んで数える、数を分ける）

〈準 備〉　鉛筆

〈問 題〉　①四角の中で１番数が多いものはどれですか。右の四角の中から選んで○をつけてください。
②ネコにサカナを同じ数ずつ分けると何匹ずつになりますか。右の四角にその数だけ○を書いてください。

〈時 間〉　各30秒

〈解 答〉　①上（リンゴ）　②○：３

［2020年度出題］

学習のポイント

①は１番数が多いくだものを見つける「選んで数える」問題です。「選んで数える」問題で間違えてしまうほとんどの原因は、数え忘れや重複して数えるというケアレスミスです。試験でそういったミスをしないように、日頃の学習から、「上から下へ」「左から右へ」というように順序を決めて、ものを数えるようにしていきましょう。②の問題は、絵に描かれているサカナをネコ１匹あたりの数が同じになるように分ける問題です。ネコが４匹いてサカナが12匹あるので、１匹あたりのサカナは３匹になります。小学校入学前のお子さまは入学後に学ぶ、数字を使った「わり算」で解くことはできませんから、このように絵を使って出題されます。数字を使えば効率よく問題を解くことができるように思えますが、お子さまが理解できなければ学習の意味はありません。理解を深めるという意味を込めて、おはじきなど実物を使った学習を行っていきましょう。例えば、サカナを青のおはじき、ネコを黄色のおはじきに置き換えます。そして、黄色のおはじきのところに青のおはじきを置いていくと、３つ置かれることがわかります。このような学習を日頃から行っていくと、お子さまは自然と理解するようになります。

【おすすめ問題集】

Ｊｒ・ウォッチャー14「数える」、37「選んで数える」、40「数を分ける」

問題21　分野：常識（季節）

〈準 備〉　鉛筆

〈問 題〉　左の太い○の行事から行われる行事の順番に線をつないでください。

〈時 間〉　30秒

〈解 答〉　下図参照

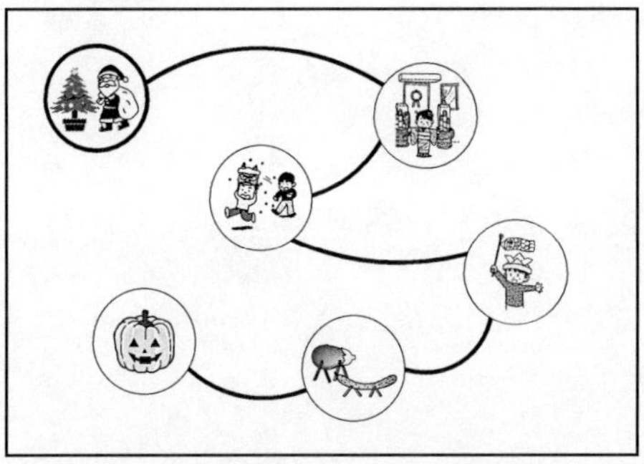

［2020年度出題］

学習のポイント

季節の行事に関する知識が問われている常識問題です。当校では季節以外にもマナー、理科などさまざまな分野から出題されます。どの分野が出題されても解けるように抜け目なく知識を習得していきましょう。最近では、知識を身に付ける方法は多種多様になりました。本や図鑑だけでなく、インターネットを使って、知らなかったものを知る機会が今まで以上に増えました。ですから、保護者の方はお子さまが知らないことが出てきたら、それらを駆使して、そのものに「触れる」経験をさせましょう。１度「触れておく」だけでも、「見たことがある」という自信につながっていき、知っているという意識にもなります。また、もっと知りたいというお子さまの好奇心もくすぐります。

【おすすめ問題集】

Ｊｒ・ウォッチャー12「日常生活」、34「季節」

問題22　分野：行動観察（集団）

〈準備〉　①ボールプール・ダンボール・ボウリングのエリア、ドミノ・おはじき・コップタワーのエリアを作っておく
②ひも、ビニールテープ（大きな円を作っておく）

〈問題〉　**この問題の絵はありません。**
①（20人程度の２グループで行う）
（準備した２つのエリアにグループごとに入る）
音が鳴ったら、ここにあるものを使って、好きなように遊んでください。先生が笛を吹いたら遊びをやめて、今遊んだエリアと違うエリアに行ってください。また音が鳴ったら、遊んでください。
②（20人程度の２グループで行う）
（ひもを児童に渡す）
今渡したひもをしっぽのようにつけてください。
今からしっぽ取りをします。
しっぽを多く取ったグループの勝ちです。
しっぽを取られた人は円から出てください。
音が鳴ったら、始めてください。先生が笛を吹いたらやめてください。

〈時間〉　10分

〈解答〉　省略

［2020年度出題］

学習のポイント

当校の行動観察では、月齢の近い20人程度の志願者で２つのグループ作って行われます。課題が始まる前に、「できるだけたくさんのお友だちと遊んでください」「２人組を作って、できるだけたくさんのゲームで遊びましょう」などの指示が、グループごとに出されていたようです。これらの指示から、ルールが理解できるか、お友だちと協力して遊べるか、という自分を制して楽しむことができるかが観点と考えられます。しかし、それは特に難しいことではありません。お友だちと遊ぶ時のルールを知っていて、それが当たり前にできればよいのです。お子さまがお友だちと遊んでいる時に、普通に遊べている程度で充分でしょう。もし、いっしょに遊ぶことが苦手なお子さまがいたら、「いっしょに遊ぼうよ」と声をかけてください。

【おすすめ問題集】
Ｊｒ・ウォッチャー29「行動観察」

問題23　分野：行動観察（集団）

〈準 備〉　カード（くだもの、乗りもの、スイーツなどさまざまなものが描かれている）

〈問 題〉　**この問題の絵はありません。**

・１人５枚好きなものが描かれているカードを集めてください。
・今集めたカードの中で、乗りものカードを持っている人は、くだものカードと交換してください。乗りものカードを持っていない人は好きなスイーツのカードと交換してください。
・先生が「やめ」といったら交換をやめてください。交換できるカードは１回の交換につき１枚です。

〈時 間〉　10分

〈解 答〉　省略

[2020年度出題]

学習のポイント

ほかのお友だちとカードを交換していく「行動観察」の課題です。前問同様に、ルールを守ること、お友だちと協力して遊べるかどうかが観られています。この課題では、ほかのお友だちと直接カードを交換しないといけないので、前問以上にお友だちとのコミュニケーションが大切になってきます。コミュニケーション能力に優れているお子さまであれば、苦手そうなお子さまに声をかけてあげるという配慮ができると評価は高いでしょう。苦手なお子さまであれば、声をかける努力はしましょう。いきなり試験でできるものではないと思うので、お子さまが人見知りだと思う保護者の方は、公園などで見知らぬお友だちと遊ぶなどの対策をとって慣れさせましょう。

【おすすめ問題集】

Ｊｒ・ウォッチャー29「行動観察」

問題24　分野：口頭試問（巧緻性、お話作り）

〈準備〉　折り紙

〈問題〉　①先生が今から折り紙を折るので、先生と同じように折ってください。
②絵を見てください。今から先生がこの絵を見てお話を作ります。先生がお話した後、続けてお話を作ってください。
先生「やっと遊園地に着いたね、何して遊ぼうか？」
志願者が答える
先生「そっか、じゃあ先にそれに乗ろうね。……面白かったね。あ、雨が降ってきた。傘忘れちゃったんだ」
志願者が答える
③今から質問をするので答えてください。
「朝ごはんに何を食べましたか」
「朝にすることを３つ教えてください」
「今日の朝は何をして遊びましたか」
「好きな食べものは何ですか」
「好きなものは何ですか」

〈時間〉　各２分

〈解答〉　省略

［2020年度出題］

学習のポイント

折り紙を折ったり、先生とお話を作ったり、面接のように質問を答えたりとさまざまな分野が一括にされている口頭試問の課題です。この課題で観られているのは、前問同様にほかの人とコミュニケーションがとれるかどうかです。ただ前問と違うところは、相手が大人だということです。年の離れた大人に対して、どのような振る舞いやコミュニケーションをとるかが観られていると思ってください。年齢が近いお友だちとは違って、ていねいな言葉遣いや振る舞いが大切になってきます。質問をされたら「～です、ます」と答えることは一般的なマナーとしてできるようにしておきましょう。日頃よく利用する交通機関（バス、タクシーなど）の運転手さんに「お願いします」「ありがとうございます」と言うこともその対策になります。

【おすすめ問題集】
新 口頭試問・個別テスト問題集、Ｊｒ・ウォッチャー21「お話作り」

問題25　分野：巧緻性

〈準　備〉　ダイズ、輪ゴム、箸、マメ、ボール（ピンポン玉サイズ／やわらかいもの）、消しゴム、マカロニ、ハート形のキーホルダーを紙皿の上に置く。紙皿は２枚用意して、もう１枚は準備物を入れた紙皿の左に置いておく。

〈問　題〉　**この問題の絵はありません。**
（用意したものを紙皿の上に置く）
紙皿の上のものを、箸を使って隣の紙皿へ移してください。

〈時　間〉　適宜

〈解　答〉　省略

［2020年度出題］

学習のポイント

紙皿に載せられたさまざまな形や素材のものを、箸を使って、別の紙皿へ移す「箸使い」の課題です。当校では、例年「箸使い」の作業を扱った巧緻性の課題が出題されていることが多いので、箸使いは必ずできるように対策をしておきましょう。とはいえ、家とはまったく異なった雰囲気で行われる試験会場なので、いつもできていることができないということは充分にありえます。できないからといって、あきらめる、ふてくされるという行動はやめましょう。そういったところも観られていると考え、失敗しても、動じず、集中して課題に取り組めるようにしましょう。

【おすすめ問題集】
Ｊｒ・ウォッチャー25「生活巧緻性」

問題26　分野：面接（保護者・志願者）

〈準備〉　なし

〈問題〉　**この問題の絵はありません。**

【両親へ】
・志望理由をお聞かせください。
・併願校について教えてください。
・ローマ教皇が来日されました、印象に残ったことをお聞かせください。
・最近、お子さまがうれしそうにしていたことは何ですか。

【父親へ】
・お子さまの成長を感じたのはいつですか。
・ご自身がされているお仕事を通して、お子さまにどのようなことを伝えたいですか。

【母親へ】
・ご家庭でのお仕事を通して、お子さまにどのようなことを伝えたいですか。

【お子さまへ】
・お名前を教えてください。
・お父さんとお母さんの名前を教えてください。
・今日はどのようにして来ましたか。
・お父さんのお仕事ですごいなと思うことはどんなことですか。
・最近、お父さんやお母さんに褒められたことはどんなことですか。
・好きな絵本はありますか。誰が読んでくれますか。いつ読んでくれますか。

〈時間〉　約15分

〈解答〉　省略

［2020年度出題］

学習のポイント

面接は１次試験の合格者のみに行われます。例年、１日目は女子、２日目は男子の面接が行われます。面接は、保護者２名と志願者１名に対し、面接官が３名、もしくは４名で対応する形式で行われます。保護者への質問は、父母どちらが答えてもよいとされています。上記の質問はあくまでも一例であり、実際の質問は願書への記入内容や家族構成に応じて変化するようです。また、質問に対する回答や反応を見て、話を詳しく掘り下げていくケースが多く観られます。15分間の中でかなりの量の質問がされますが、聞かれていることはシンプルです。そこから考えると、当校の面接は、いわゆる模範解答や突飛な発想の回答を求めているわけではなく、保護者の方の人となりを見て、入学させるにふさわしい家庭かどうか判断しているのでしょう。入学させるにふさわしい家庭とは、すなわち、お子さまのことを学校に任せきりにせず、しっかり観ている家庭だと考えられます。なぜなら、家庭でのお子さまの様子や、保護者の方とお子さまの関わり方に関する質問が多いからです。お子さまとの関わりについて、何を質問されても大丈夫だと思えるぐらい、お子さまとの関わりを大切にしてください。もしも不安な点があっても、今のうちに改善すれば、面接で胸を張って回答できるでしょう。

【おすすめ問題集】
新 小学校受験の入試面接Ｑ＆Ａ、家庭で行う面接テスト問題集、
保護者のための面接最強マニュアル

☆南山大学附属小学校

問題15－1

①

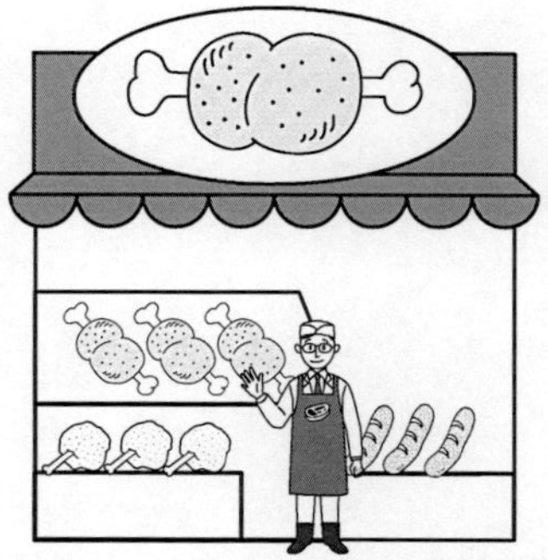

②

③

日本学習図書株式会社

問題１５－２

④

⑤

⑥

☆南山大学附属小学校

問題１６

①

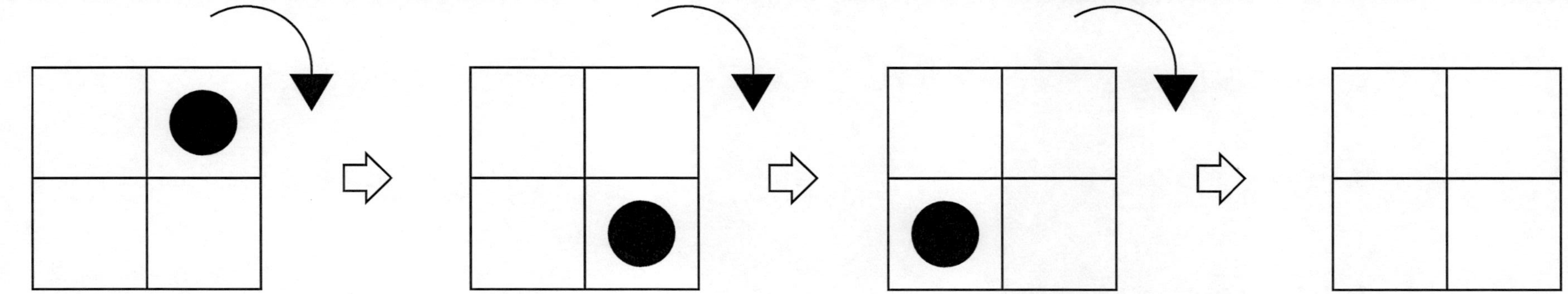

②

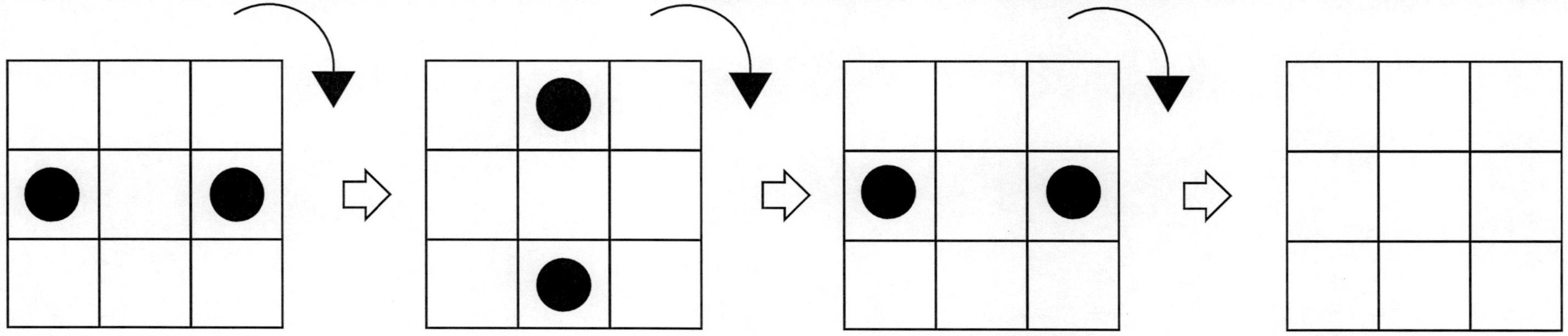

③

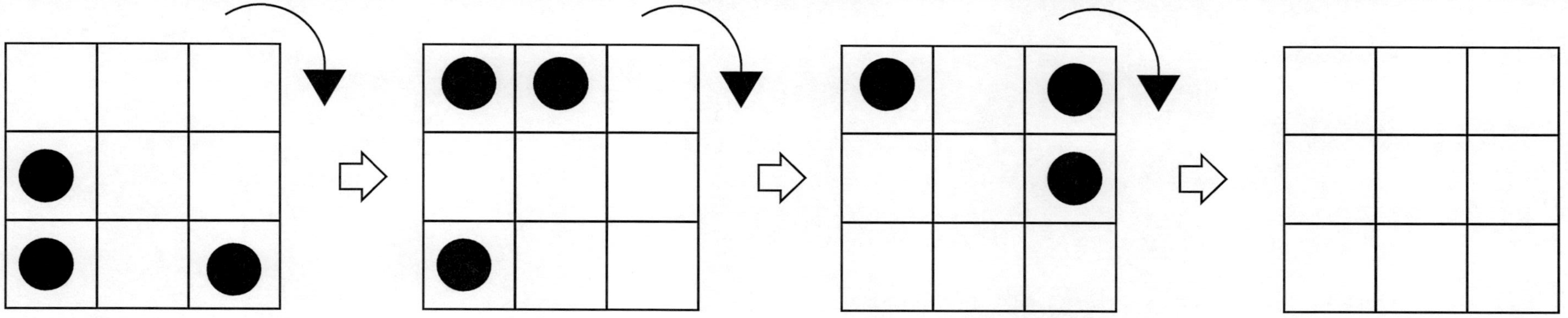

問題１７

2022年度 愛知私立 過去 無断複製／転載を禁ずる

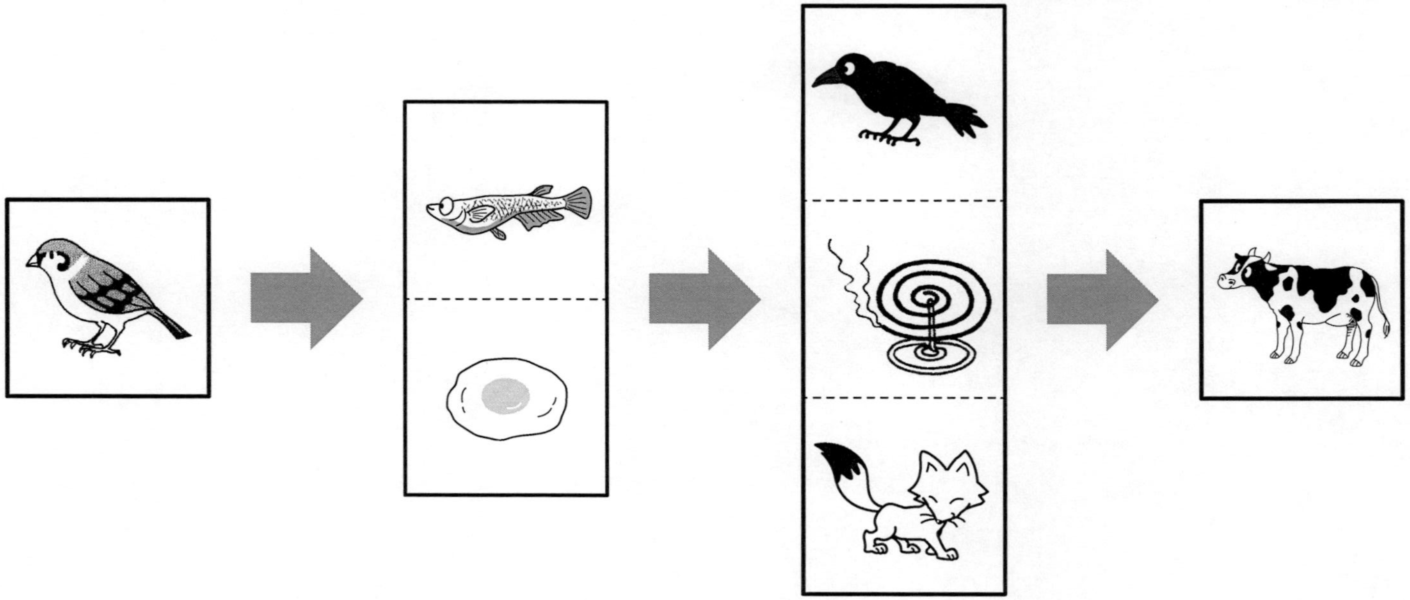

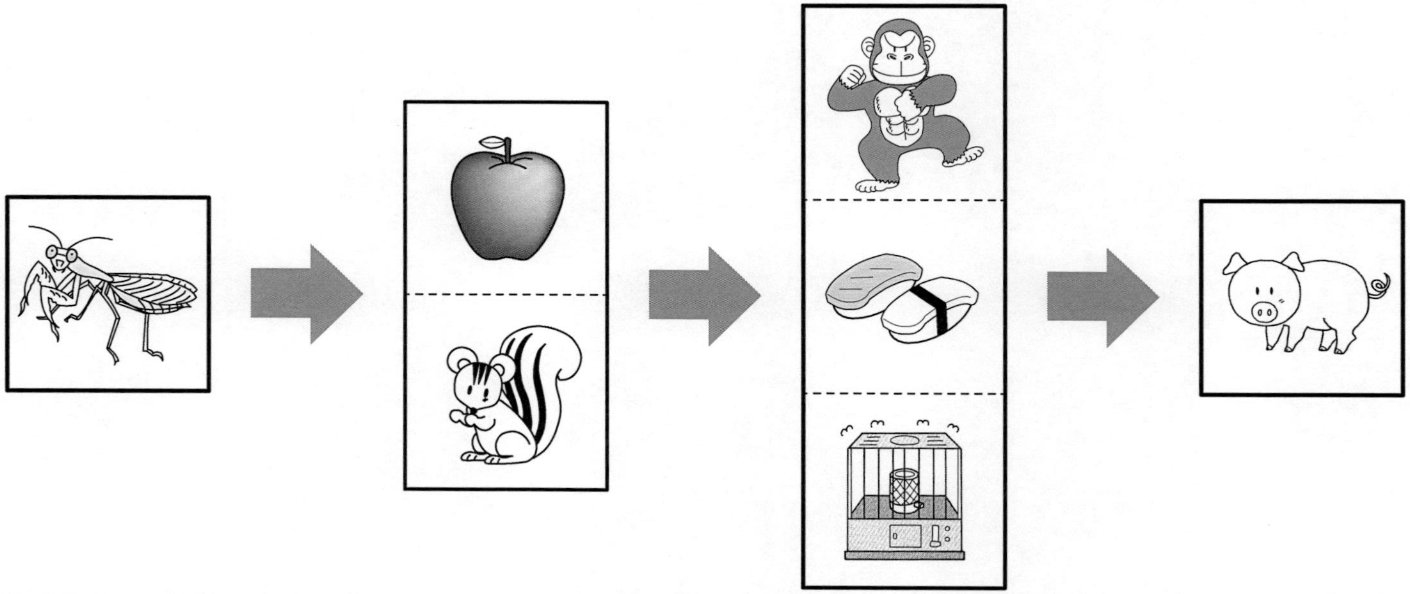

問題１９−１

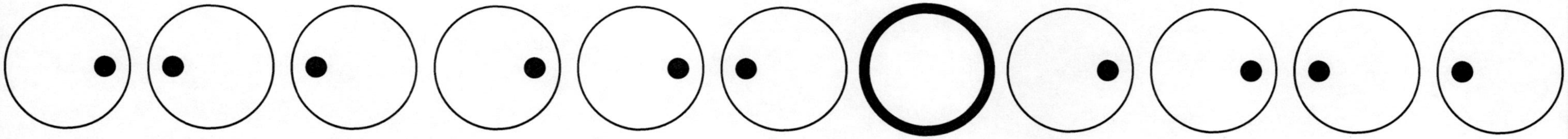

2022年度　愛知私立　過去　無断複製／転載を禁ずる　日本学習図書株式会社

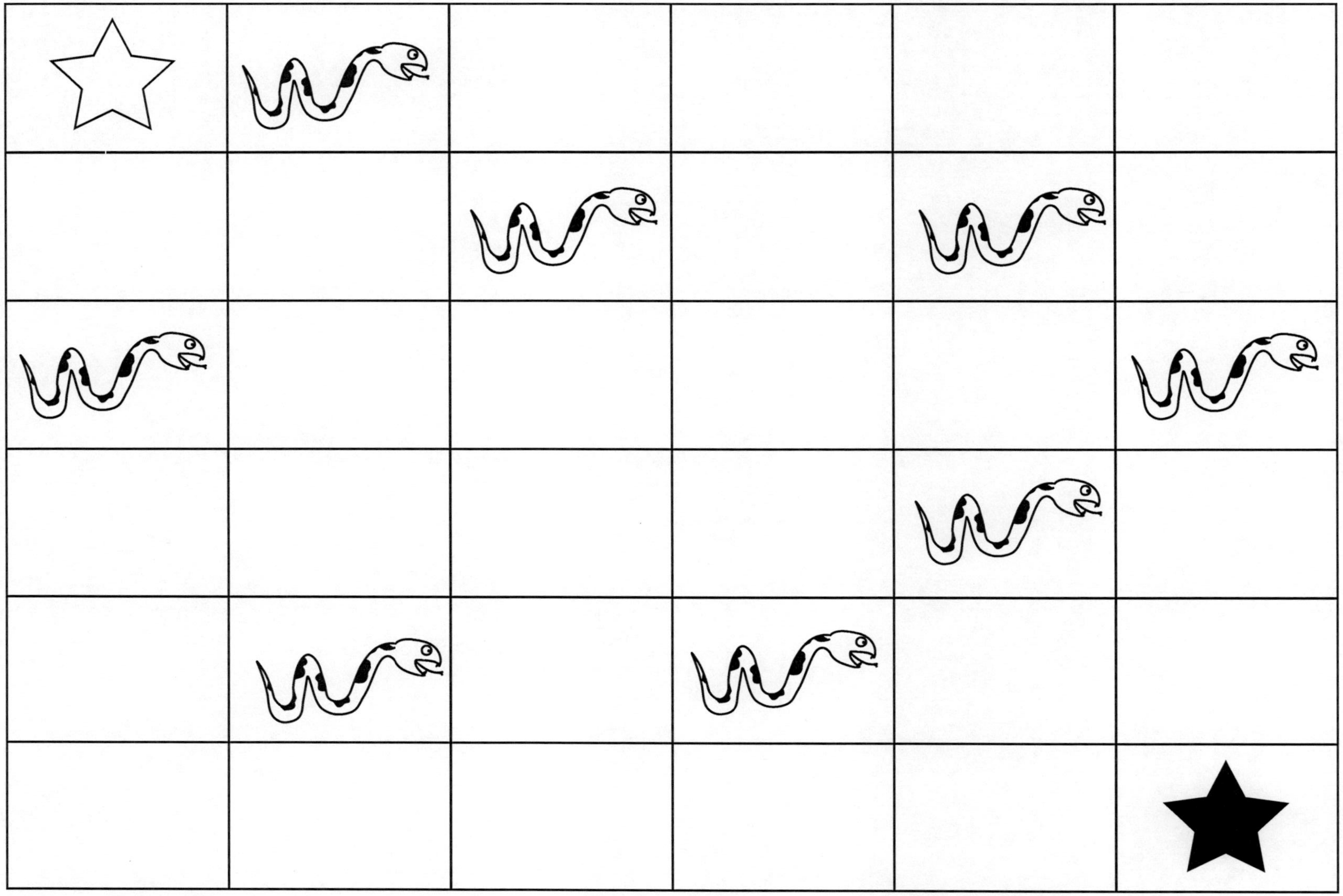

☆南山大学附属小学校

問題２０

①

②

日本学習図書株式会社

☆南山大学附属小学校

問題２１

問題２４

南山大学附属小学校　専用注文書

年　　月　　日

合格のための問題集ベスト・セレクション

＊入試頻出分野ベスト３

1st　図　形
観察力　思考力

2nd　推　理
思考力　聞く力

3rd　数　量
思考力　聞く力

ペーパーテストは幅広い分野で出題されているため、バランスよく学習する必要があります。また、当校はノンペーパーテストにも力を入れています。どちらもバランスよく学習するようにしましょう。

分野	書　名	価格(税込)	注文	分野	書　名	価格(税込)	注文
図形	Ｊｒ・ウォッチャー 4「同図形探し」	1,650 円	冊	数量	Ｊｒ・ウォッチャー 36「同数発見」	1,650 円	冊
推理	Ｊｒ・ウォッチャー 6「系列」	1,650 円	冊	数量	Ｊｒ・ウォッチャー 38「たし算・ひき算 1」	1,650 円	冊
推理	Ｊｒ・ウォッチャー 7「迷路」	1,650 円	冊	数量	Ｊｒ・ウォッチャー 39「たし算・ひき算 2」	1,650 円	冊
数量	Ｊｒ・ウォッチャー 14「数える」	1,650 円	冊	数量	Ｊｒ・ウォッチャー 40「数を分ける」	1,650 円	冊
数量	Ｊｒ・ウォッチャー 16「積み木」	1,650 円	冊	図形	Ｊｒ・ウォッチャー 46「回転図形」	1,650 円	冊
言語	Ｊｒ・ウォッチャー 17「言葉の音遊び」	1,650 円	冊	言語	Ｊｒ・ウォッチャー 49「しりとり」	1,650 円	冊
言語	Ｊｒ・ウォッチャー 18「いろいろな言葉」	1,650 円	冊	巧緻性	Ｊｒ・ウォッチャー 51「運筆①」	1,650 円	冊
巧緻性	Ｊｒ・ウォッチャー 25「生活巧緻性」	1,650 円	冊	巧緻性	Ｊｒ・ウォッチャー 52「運筆②」	1,650 円	冊
常識	Ｊｒ・ウォッチャー 27「理科」	1,650 円	冊	常識	Ｊｒ・ウォッチャー 55「理科②」	1,650 円	冊
観察	Ｊｒ・ウォッチャー 29「行動観察」	1,650 円	冊	言語	Ｊｒ・ウォッチャー 60「言葉の音（おん）」	1,650 円	冊
推理	Ｊｒ・ウォッチャー 31「推理思考」	1,650 円	冊		1話5分の読み聞かせお話集①・②	1,980 円	各　冊
推理	Ｊｒ・ウォッチャー 32「ブラックボックス」	1,650 円	冊		新口頭試問・個別テスト問題集	2,750 円	冊
常識	Ｊｒ・ウォッチャー 34「季節」	1,650 円	冊		実践 ゆびさきトレーニング①・②・③	2,750 円	各　冊
図形	Ｊｒ・ウォッチャー 35「重ね図形」	1,650 円	冊		新 小学校受験の入試面接Q＆A	2,860 円	冊

合計	冊	円

（フリガナ）
氏　名

電　話
ＦＡＸ
E-mail

住 所　〒　　　－

以前にご注文されたことはございますか。

有　・　無

★お近くの書店、または記載の電話・FAX・ホームページにてご注文をお受けしております。
電話：03-5261-8951　FAX：03-5261-8953　代金は書籍合計金額＋送料がかかります。
※なお、落丁・乱丁以外の理由による商品の返品・交換には応じかねます。

★ご記入頂いた個人に関する情報は、当社にて厳重に管理致します。なお、ご購入の商品発送の他に、当社発行の書籍案内、書籍に関する調査に使用させて頂く場合がございますので、予めご了承ください。

◎学習効果を上げるため、前掲の「家庭学習ガイド」をお読みになり、各校が実施する入試の出題傾向をよく把握した上で問題に取り組んでください。

※冒頭の「本書ご使用方法」「本書ご使用にあたっての注意点」も併せてご覧ください。

〈名進研小学校〉

2021年度の最新問題

問題27　分野：数量（選んで数える、一対多の対応）

〈準 備〉　鉛筆

〈問 題〉　①左の四角を見てください。この中で１番数の多いものはどれでしょうか。下の四角の中から選んで○をつけてください。
②右の四角を見てください。４匹の動物にチューリップとタンポポを１本ずつあげたいと思います。花は何本足りないでしょうか。下の四角の中にその数の分だけ○を書いてください

〈時 間〉　①30秒　②20秒

問題28　分野：数量（ひき算）

〈準 備〉　クーピーペンシル（12色）

〈問 題〉　桃太郎がきびだんごを10個持っています。桃太郎はイヌに会うと２個、キジに会うと１個、サルに会うと３個きびだんごをあげなければいけません。鬼ヶ島に着くまでにちょうどきびだんごがなくなるところに赤色で、１番多く余るところに水色で○を塗ってください。

〈時 間〉　１分30秒

問題29　分野：図形（点図形・模写、展開）

〈準 備〉　鉛筆

〈問 題〉　①上の四角を見てください。上の形と同じになるように下の四角の中に線を引いてください。
②下の四角を見てください。左端の４つに折った紙の黒い部分を切り取って開くとどんな形になるでしょうか。選んで○をつけてください。

〈時 間〉　①１分30秒　②30秒

問題30　分野：推理（四方からの観察、系列）

〈準　備〉　鉛筆

〈問　題〉　①上の四角を見てください。積み木を写真に撮りました。右端の写真はどの位置から撮ったものでしょうか。矢印に○をつけてください。
②下の四角を見てください。信号があるお約束の順番で並んでいます。空いている四角の中にはどの信号が入るでしょうか。下の四角の中から選んで○をつけてください。

〈時　間〉　各30秒

問題31　分野：推理（比較）

〈準　備〉　鉛筆

〈問　題〉　①上の四角を見てください。４つのコップに水が入っています。２番目に水が多いコップはどれでしょうか。選んで○をつけてください。
②下の四角を見てください。４つのコップに角砂糖を入れます。３番目に甘いコップはどれでしょうか。選んで○をつけてください。

〈時　間〉　各30秒

問題32　分野：言語（擬態語、しりとり）

〈準　備〉　鉛筆

〈問　題〉　①上の四角を見てください。「ゴクゴク」という言葉に合う絵はどれでしょうか。選んで○をつけてください。
②下の四角を見てください。四角で囲まれている絵がしりとりの最後になります。この絵が最後になるようにすべての絵をしりとりでつないで線を引いてください。

〈時　間〉　①30秒　②１分30秒

問題33　分野：常識（季節、マナーとルール）

〈準　備〉　鉛筆、「鯉のぼり」の音源、音楽再生機器

〈問　題〉　①これから流す音楽（「鯉のぼり」／いらかの波と雲の波～♪）と同じ季節の絵はどれでしょうか。選んで○をつけてください。
②カレーライスを食べる時の正しいスプーンの持ち方はどれでしょうか。選んで○をつけてください。
③昔からある遊びで、藤井聡太さんがやっているものはどれでしょうか。選んで○をつけてください。

〈時　間〉　各20秒

問題34　分野：お話の記憶

〈準備〉　鉛筆、クーピーペンシル（12色）

〈問題〉　お話をよく聞いて、後の質問に答えてください。

男の子は夢の中で雲になりました。だんだんネズミ色になっていき、動けなくなってしまいました。怒った男の子は雷を鳴らしました。すると太陽が来て風を起こしてくれたので動けるようになりました。男の子はうれしくてニコニコしました。夢から覚めると、部屋の外では雨が降っていました。雨が上がると虹が出てきました。

（問題34の絵を渡す）
①男の子は夢の中で何になったでしょうか。選んで○をつけてください。
②雷を鳴らした時、男の子はどんな顔をしていたでしょうか。選んで○をつけてください。
③太陽が来て動けるようになった時、男の子はどんな顔をしていたでしょうか。選んで○をつけてください。
④夢から覚めた時、外はどんな天気だったでしょうか。選んで○をつけてください。
⑤これから言う通りにクーピーペンシルで虹に色を塗りましょう。外側から赤色、オレンジ色、黄色、緑色、青色に塗ってください。

〈時間〉　①～④各15秒　⑤１分30秒

問題35　分野：制作

〈準備〉　鉛筆、クーピーペン（12色）、ハサミ、スティックのり、セロハンテープ、気泡緩衝材（プチプチ）、折り紙（赤）、ひも

〈問題〉　【お弁当作り】
（問題35-１の絵を渡す。あらかじめ左側の◯のところに穴を開けておく）
①ハンバーグ（問題35-２左上）を指でちぎり、丸の形のところにのりで貼る。
②プチプチ（問題35-２右／見本）を台紙に描かれている三角と四角の形に切って、その形のところにテープで貼る。
③（イチゴの折り方を動画で見ながら）
折り紙でイチゴを折って（問題35-２左下／見本）、ハートのところにのりで貼る。

【遠足】
（問題35-３の絵を渡す。あらかじめ左側の◯のところに穴を開けておく）
①右下にモニター画面に映されたバス（問題35-４左）の絵を鉛筆で描く。
②問題35-４右（あらかじめ切り取っておく）を☆は谷折り、○は山折りにして橋にする。川に橋がかかるようにセロテープで貼る。
③左上に行ってみたいところをクーピーペンシルで描く。

【ちょう結び】
最後に２枚重ねて左側の２つの穴にひもを通しちょう結びにする。ゴミは袋に入れて片付ける。

〈時間〉　20分程度

問題36　分野：運動

〈準 備〉　ドッジボール、なわとび、カラーコーン

〈問 題〉　**この問題の絵はありません。**

【ラジオ体操】
・先生の見本に合わせて体操をする。

【ボール運動】
（２人で向かい合わせになって行う）
・笛に合わせてボールを転がす。
・下手投げでキャッチボールをする。
・ボールを３回ついてから下手投げでキャッチボールをする。
・後ろを向いて足の間からボールを転がす。
・ボールを足で転がす。

【なわとび】
・なわとびをほどく。
・「はい、始め」の合図で前跳びをする。失敗しても続ける。
・「やめ」の合図で跳ぶのをやめ、なわとびを結んでかごに入れる。

【ジャンプ】
（カラーコーンを10メートルほど離して置く）
・片足跳びで行って、反対の足で戻ってくる。
・スキップで行って、手を叩きながらスキップで戻ってくる。

【動物歩き】
・カニ歩き（しゃがんだ状態で横歩き）
・クマ歩き（右手と左足、左手と右足を同時に出して歩く）
・カエル跳び（両手をついて跳びながら進む）

〈時 間〉　適宜

問題37　分野：口頭試問

〈準 備〉　なし

〈問 題〉　**この問題の絵はありません。**

【復唱】
先生の言った言葉を繰り返す。
「かっこいい車に乗って動物園へ行きました」
「動物園でゾウさんのショーを見ました」

【お話作り】
絵を見て答える。
・塀の上を歩いている子を見ている子は何と言っているでしょうか。
・転んで泣いている子のそばに立っている子は何と言っているでしょうか。
・なわとびをしている子の横に立っている子は何と言っているでしょうか。

〈時 間〉　適宜

問題38　分野：行動観察

〈準 備〉　動物やくだものが描かれているカード

〈問 題〉　**この問題の絵はありません。**
（５～６名のグループで行う）
【かるた取り】
「実がたくさんついているくだものは何ですか」
「２つの実がついているくだものは何ですか」
「外が緑色で中が赤色のくだものは何ですか」
「この学校で飼っている動物は何ですか」
「黒と白でモーモー鳴く動物は何ですか」
など、先生が問題を読み上げ、そのカードを取りにいく。その際、走ってはいけないというお約束がある。

〈時 間〉　適宜

問題39　分野：親子面接

〈準 備〉　なし

〈問 題〉　**この問題の絵はありません。**

【志願者へ】
・名前と幼稚園の名前を教えてください。
・今、欲しいものは何ですか。
・今日はここまでどうやって来ましたか。
・小学校に入ったら何がしたいですか。
・どんな時にお父さんとお母さんに褒められますか。
・お家でどんなお手伝いをしていますか。
・大きくなったら何になりたいですか。

【保護者へ】
・併願している学校はありますか。両方合格した場合、どちらに通われますか。
・お子さまの長所を３つ教えてください。
・お子さまの短所を３つ教えてください。
・小学校受験を決めたのはどちらですか。
・卒業後の進路として中学校受験をどのようにお考えですか。
・子育てをする上での役割は何ですか。それぞれお答えください。
・本校にお知り合いはいらっしゃいますか。

【親子課題】
・無人島に持っていくものを５つ考えてください。
・ピクニックに行きます。どこに何を持っていきますか。
・食事中にしてはいけないことは何ですか。
・どうしてマスクを外してはいけないと思いますか。
・なぜ友だちを叩いてはいけないのですか。
・電車に乗る時に並ばなければいけないのはなぜですか。

※親子で話し合って志願者が回答する形が基本だが、質問によって保護者が子どもに教えてあげるという形もあった。

【生活巧緻性】
・かごの中にあるゴム手袋をどちらの手でもよいのではめてください。
・置いてある傘をたたんでください。

〈時 間〉　10分程度

問題２７

①

②

☆名進研小学校

問題２８

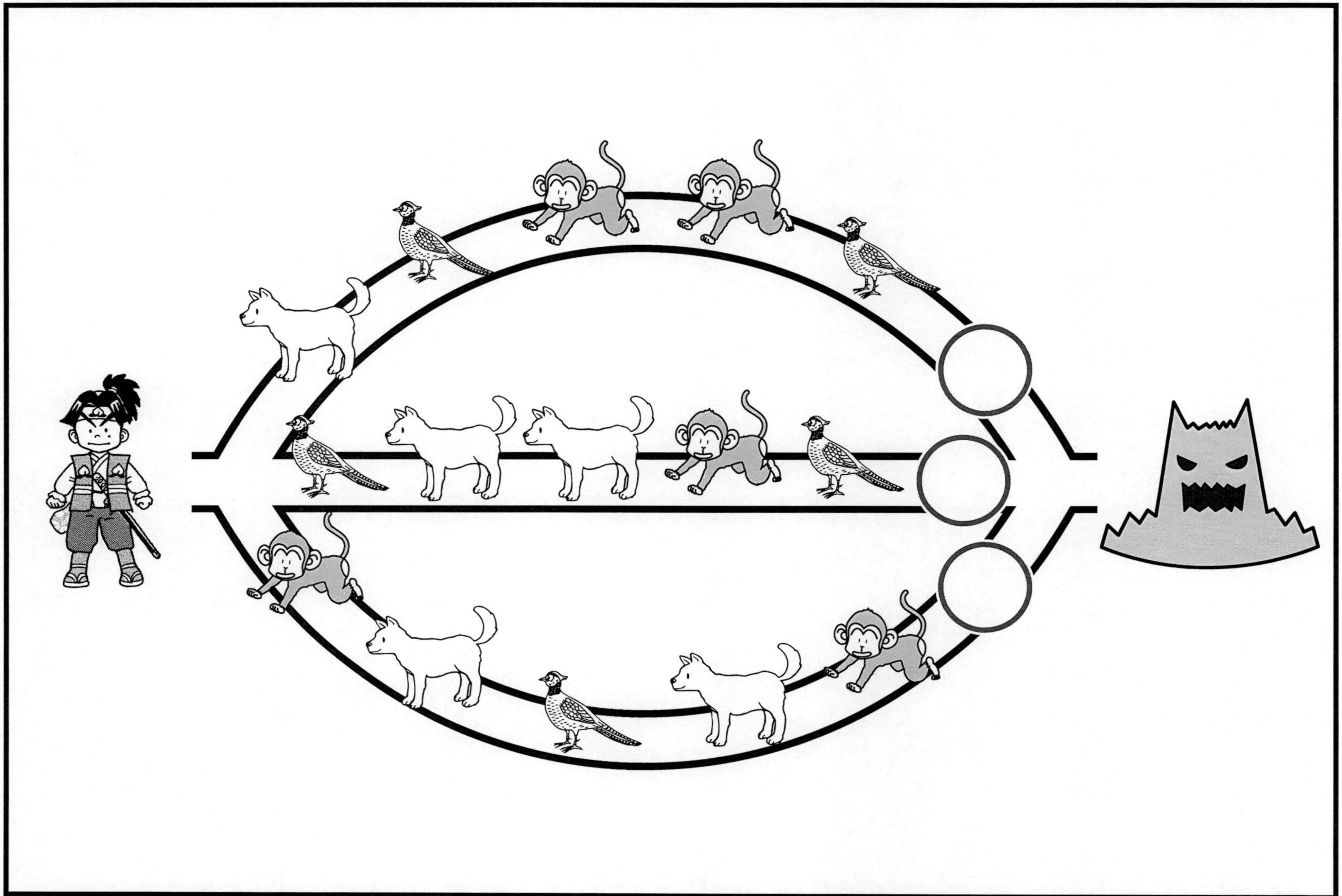

問題２９

☆名進研小学校

①

②

日本学習図書株式会社　　　無断複製／転載を禁ずる　　2022年度　愛知私立　過去

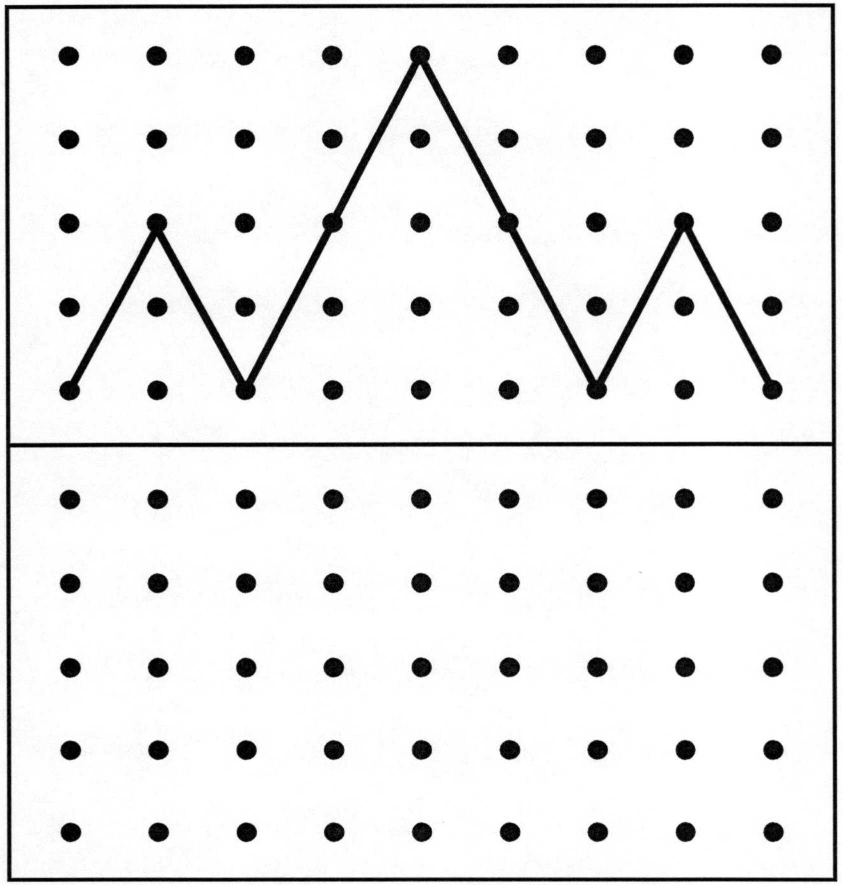

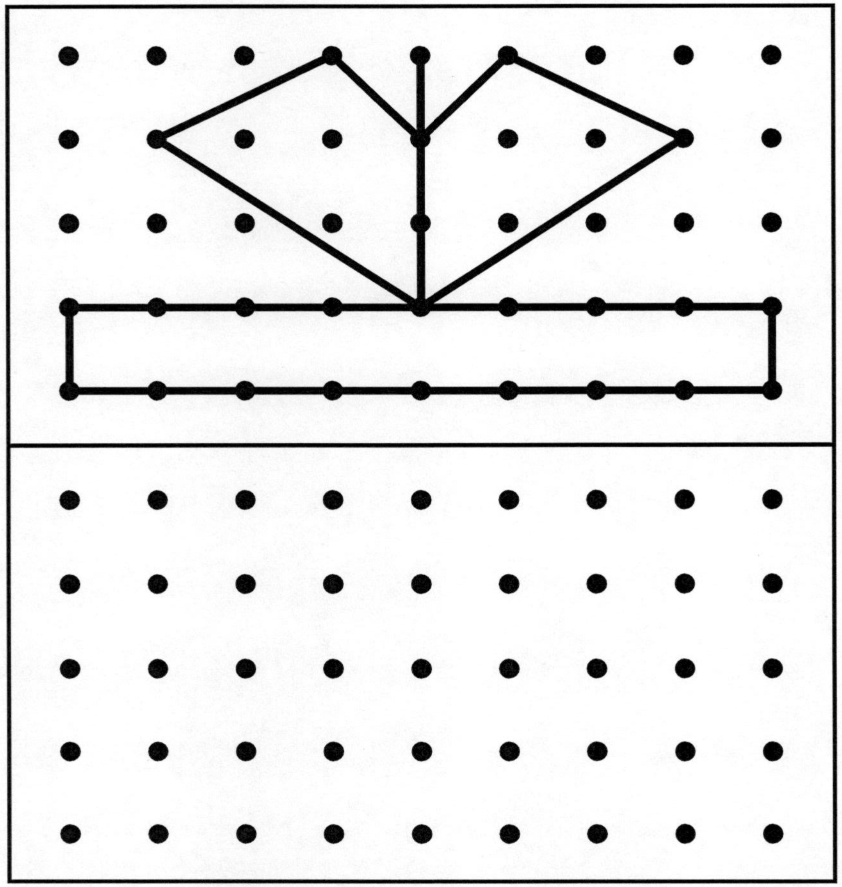

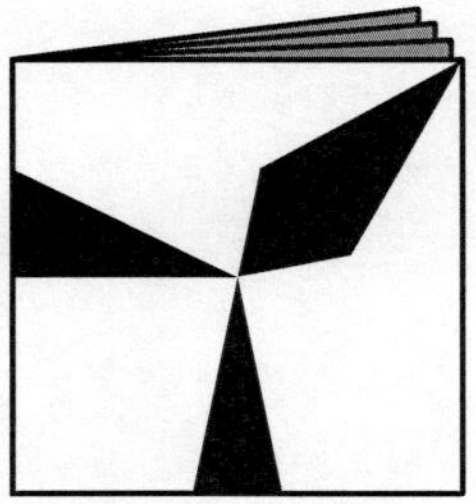

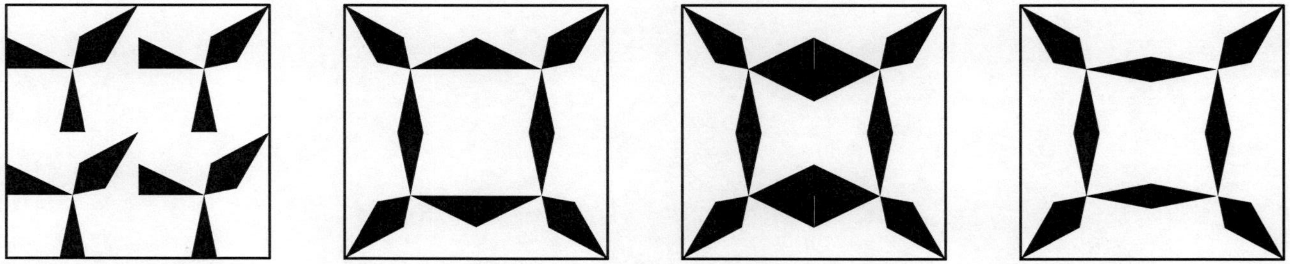

問題30

①

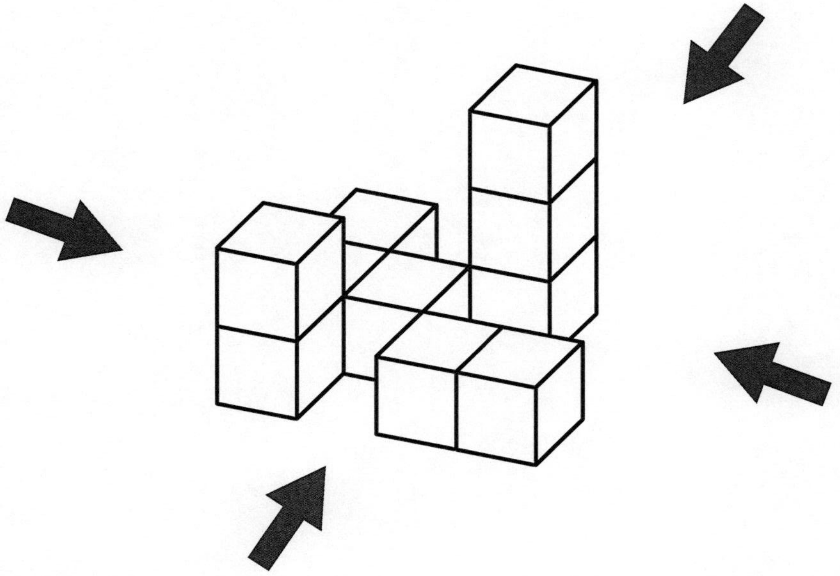

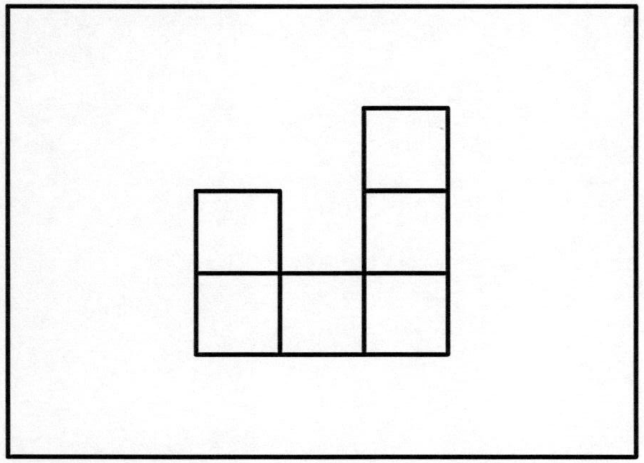

②

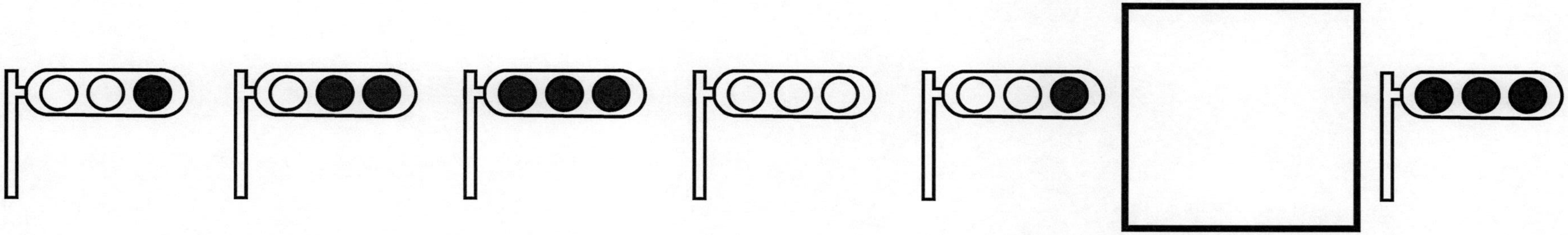

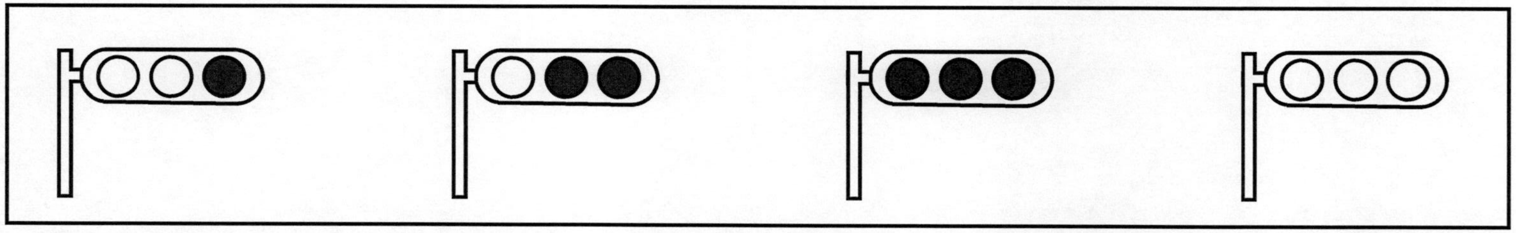

☆名進研小学校

問題３１

①

②

☆名進研小学校

問題３２

①

②

問題３３

①

②

③

☆名進研小学校

問題３４

①

④

②

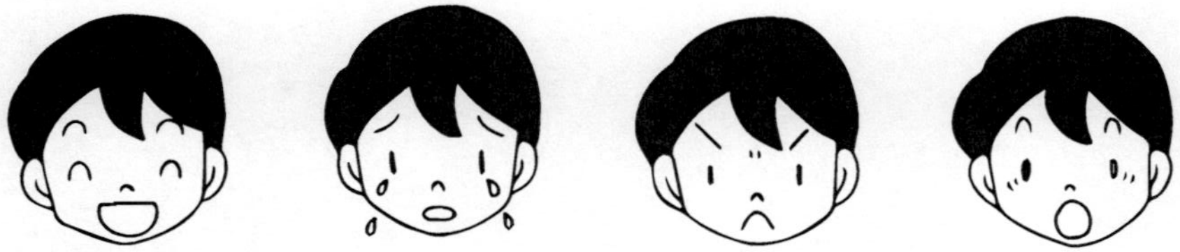

③

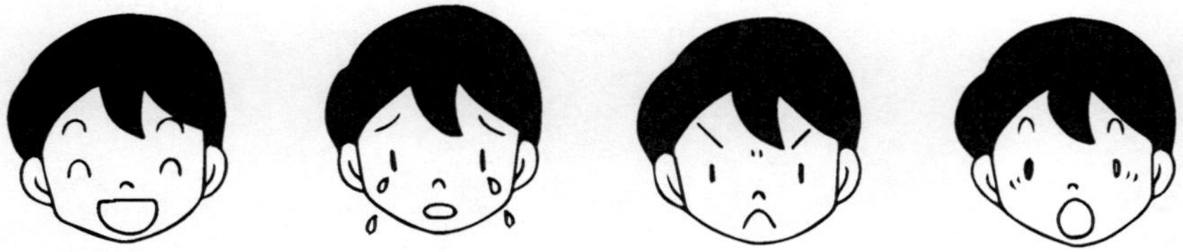

⑤

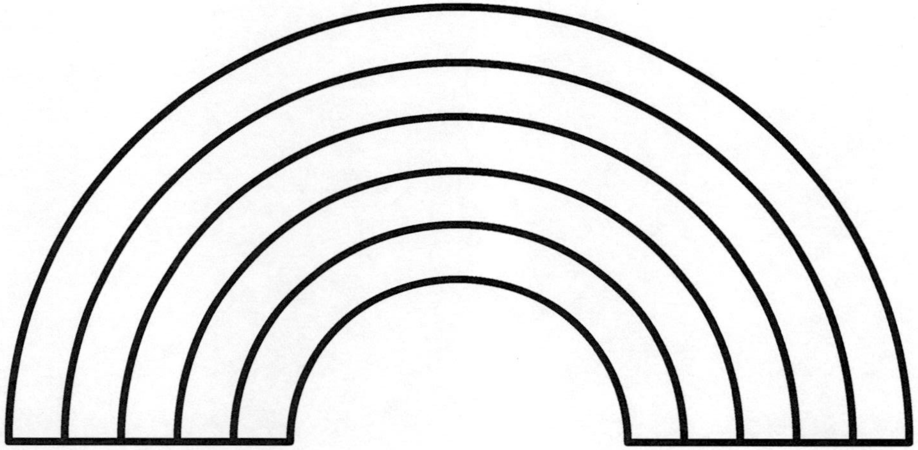

問題35－1

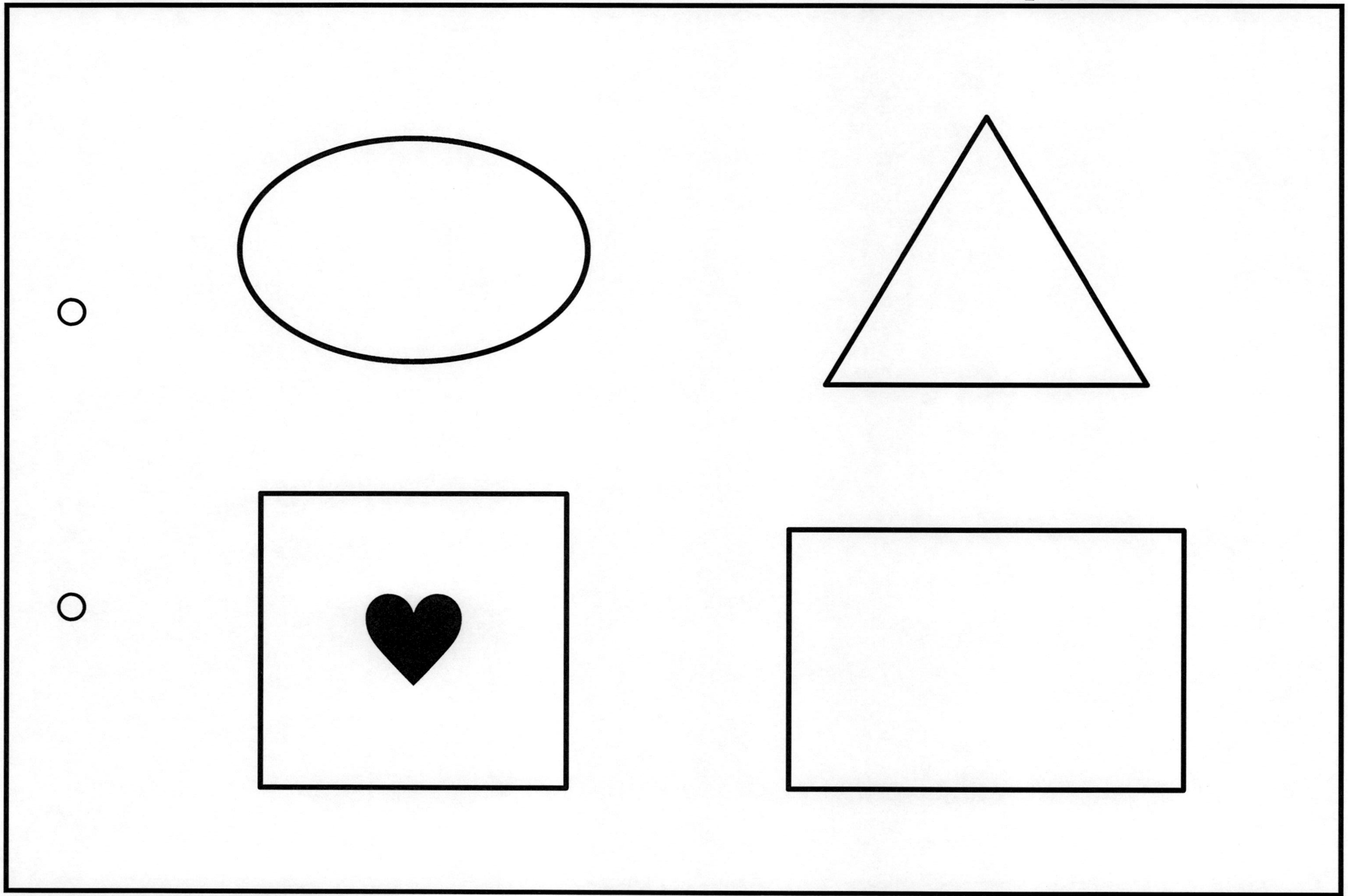

問題35－2

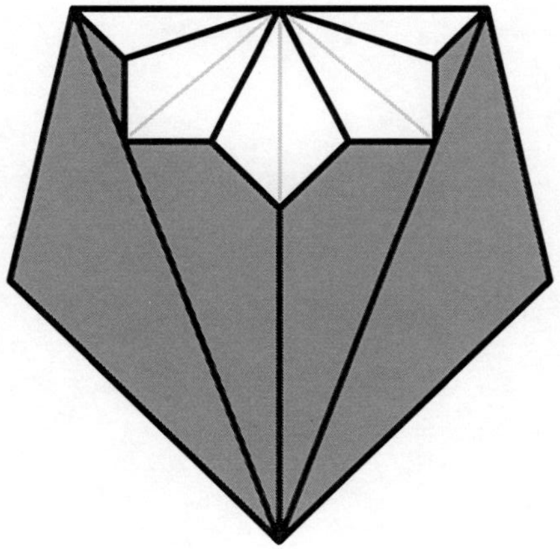

問題35－3

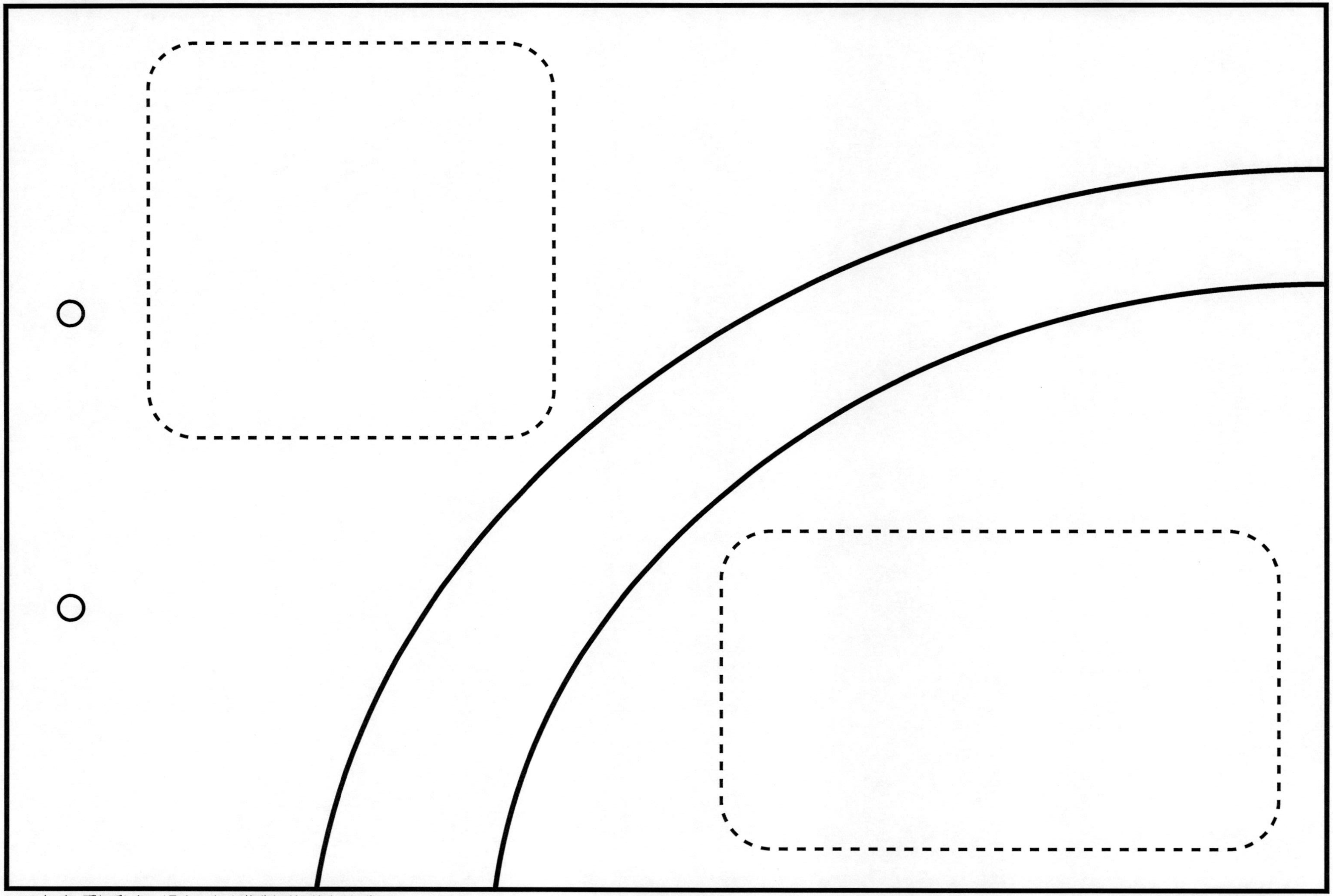

　

問題３５－４

日本学習図書株式会社

2021年度入試
解答例・学習アドバイス

解答例では、制作・巧緻性・行動観察・運動といった分野の問題の答えは省略されています。こうした問題では、各問のアドバイスを参照し、保護者の方がお子さまの答えを判断してください。

問題27　分野：数量（選んで数える、一対多の対応）

〈解答〉　①真ん中（リンゴ）　②○：1

①は単純な数量の問題に見えますが、答えるまでに「数える」「覚える」「比較する」という３段階のステップが必要になります。くだものをそれぞれ数え、数えた数を覚え、その数を比較するという段階を経て正解にたどり着くのです。もし、本問が不正解だったとしたらどの段階で間違えてしまったのかを確認するようにしてください。どこで間違えてしまったのかは、答え合わせをしただけではわかりません。お子さまが解答している様子を見るなどして、お子さまの得意不得意を把握するようにしてください。②は一対多の対応と呼ばれる問題ですが、本問ではぱっと見て答えを出せるレベルなので、確実に正解できるようにしておきましょう。

【おすすめ問題集】

Ｊｒ・ウォッチャー15「比較」、37「選んで数える」、42「一対多の対応」、58「比較②」

問題28　分野：数量（ひき算）

〈解答〉　上の○を赤色で塗る、真ん中の○を水色で塗る

誰に何個あげるのかをしっかりと聞いて覚えておくことがポイントになります。解答用紙には示されていないので、問題を聞き逃したら答えることができなくなってしまいます。それだけではなく、解答の記入方法も覚えておかなければいけません。問題自体は単純なひき算と言えますが、覚えておかなければいけないことが複数あります。基本的なことではありますが、問題をしっかり聞いて何を問われているのかを理解することが重要です。お子さまにとっては意外と難しく感じるかもしれません。そんな時はおはじきなどを使って、数の変化を実際に見ながら学習していくと理解しやすくなるでしょう。

【おすすめ問題集】

Ｊｒ・ウォッチャー32「ブラックボックス」、38「たし算・ひき算１」、39「たし算・ひき算２」、

問題29　分野：図形（点図形・模写、展開）

〈解 答〉　①省略　②左から２番目

①のような点図形の問題は、座標を意識することが大切になります。座標というのは右から○番目、上から×番目という図形の位置を表すものです。点図形を苦手にしているお子さまは、形を気にしすぎて座標をおろそかにしてしていまうことがよくあります。どこから線を引き始めるのかを意識するだけで改善されることも多いので、まずは線の始点を間違えないことを徹底していきましょう。②は４つ折りを一気に開くのではなく、まず１つ開いた２つ折りの形をイメージできるようにしましょう。難しく感じた時には、分けて考えることで理解しやすくなります。そうした、段階を踏んで考えることを繰り返すことで難しい問題にも取り組んでいけるようになります。

【おすすめ問題集】
Ｊｒ・ウォッチャー１「点・線図形」、２「座標」、５「回転・展開」

問題30　分野：推理（四方からの観察、系列）

〈解 答〉　下図参照

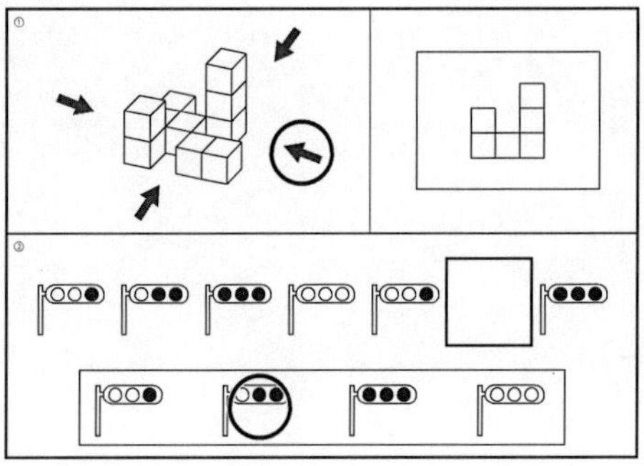

立体を平面でとらえ、どの視点から見ているのかを考えるというのは意外と難しい作業になります。大人の場合、感覚的にわかることもありますが、その感覚は経験を積み重ねて得られるものです。お子さまには実際に積み木で同じ形を作り、さまざまな角度から実際に見せてあげましょう。そうした経験の積み重ねがペーパー学習につながっていきます。②はシンプルな系列の問題なのでしっかり正解しておきましょう。お子さまの解答後、なぜその答えになったのかを聞いてみてください。系列は規則性を見つける問題なので、その規則性がわかっていなければ意味がありません。簡単な問題でもしっかりとその部分を意識するようにしてください。

【おすすめ問題集】
Ｊｒ・ウォッチャー６「系列」、53「四方からの観察　積み木編」

問題31　推理（比較）

〈解答〉　①左から２番目　②左端

①はコップの大きさが同じなので単純に水面の高さを比較すれば答えることができます。②は水の量と角砂糖の数という２つの要素を踏まえて比較しなければいけません。まず、同じ水の量であれば角砂糖の数が多い方が甘くなるということが理解できていることが大前提になります。本問では水の量が２種類あり、少ない水は多い水の約半分程度と考えられるので、角砂糖の数をぞれぞれ２倍すれば、同じ量の水で角砂糖の数を比較することができます。また、こうした比較の場合、○番目に甘い（多い）ではなく、×番目に甘くない（少ない）といった逆の聞かれ方をすることもあるので注意しましょう。

【おすすめ問題集】

Ｊｒ・ウォッチャー15「比較」、58「比較②」

問題32　分野：言語（擬態語、しりとり）

〈解答〉　下図参照

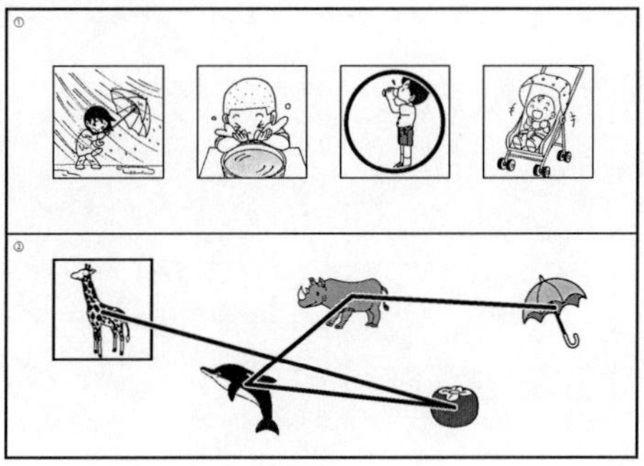

①は言語の問題で、こうした擬態語や動作を表す出題が増えてきています。単純にものの名前を知っているかどうかではなく、こうしたペーパーでは学習しにくい言葉を出題することで、どうやって言語を学んでいるのかを測っているようにも感じられます。日常生活の中で機会を見つけて、積極的に声に出して伝えてあげるようにしましょう。②は最後のキリンを意識して後ろからつなげていこうとすると難しくなってしまうので、残りの４つ絵をつなげてキリンとつながるかを確認した方が効率的に進められるでしょう。また、解答はすべての絵を線でつなげることなので、最後のキリンも忘れずにつなげるようにしましょう。

【おすすめ問題集】

Ｊｒ・ウォッチャー18「いろいろな言葉」、49「しりとり」

問題33　分野：常識（季節、マナーとルール）

〈解答〉　①左端（春）　②左から２番目　③左から２番目（将棋）

①はお子さまも戸惑ってしまったと思います。「屋根より高い～♪」ではない方の「鯉のぼり」なので、はじめて聞いたお子さま（保護者の方）もいたのではないでしょうか。こうした機会に知識として覚えるようにしましょう。②はカレーライスに引っ張られないようにしてください。単純に正しいスプーンの持ち方を選べば大丈夫です。③は時事問題とでも言うのでしょうか、藤井聡太さんを知らなければどうしようもありません。こうした特殊な問題をあまり細かく気にしていてもきりがないので、こうした問題もあるということを意識しておく程度でよいのではないかと思います。

【おすすめ問題集】

Ｊｒ・ウォッチャー34「季節」、56「マナーとルール」

問題34　分野：お話の記憶

〈解答〉　①右端（雲）　②右から２番目（怒った顔）　③左端（笑顔）
④右から２番目（雨）　⑤省略

お話も短いですし、質問もお話に出てくるものばかりなので、確実に正解できるようにしておきましょう。最後は巧緻性の問題です。ここでも色を塗る順番を覚えておかなければいけないので、巧緻性でもありますが記憶の問題でもあります。当校のお話の記憶は、日常的に読み聞かせをしていれば特別な対策をしなくても充分に対応できます。読み聞かせをして、「どんなお話だった」と聞くことで、お子さまはお話を思い出しながら頭の中でイメージします。その作業がお話の記憶の問題を解く時にも効果があります。机で行うペーパー学習だけが小学校受験ではないということを覚えておきましょう。

【おすすめ問題集】

１話５分の読み聞かせお話集①・②、お話の記憶問題集 初級編、
Ｊｒ・ウォッチャー19「お話の記憶」

問題35　分野：制作

〈解 答〉　省略

２種類の課題の中に「ちぎる」「切る」「貼る（テープ、のり）」「折る」「描く（指示、自由）」「結ぶ」という制作のほとんどすべて要素が入っているので、基本的な作業はひと通り経験しておいた方がよいでしょう。ただし、制作物の出来が問われているわけではなく、指示されたことを理解して作業できているかが観られています。もちろんうまくできるに越したことはありませんが、指示通りに作業を進めることが最優先です。また、よく言われることではありますが、制作物が完成したら終わりではありません。きちんと片付けをするところまでが課題だということを徹底してください。

【おすすめ問題集】

実践 ゆびさきトレーニング①・②・③、Ｊｒ・ウォッチャー23「切る・貼る・塗る」

問題36　分野：運動

〈解 答〉　省略

１つひとつの課題はそれほど難しいものではありませんが、次々と違った課題をこなしていかなければならないので、指示をよく聞いて行動に移さなければいけません。難しくはないと言っても、ボール運動やなわとびなどの道具を使った課題は慣れていないとうまくできません。学習の合間の気分転換として運動課題に取り組んでみてください。一度でも経験しているのといないのとでは大きな違いなので、ひと通り経験しておくとよいでしょう。ただ、１番大切なのは一生懸命あきらめずに課題に取り組む姿勢です。課題がうまくできなかったとしてもその姿勢を忘れないにようにしてください。

【おすすめ問題集】

新 運動テスト問題集、Ｊｒ・ウォッチャー28「運動」

問題37　分野：口頭試問

〈解 答〉　省略

先生と１対１での試験なので、そうした状況を経験したことがないと、かなりの緊張を強いられます。ふだんできていることができなくなってしまうこともあります。試験前に大人と１対１で会話をするという経験をしておくとよいでしょう。お話作りでは、何と言っているか答えた後でその理由を付け加えることができれば、より高い評価を得られるでしょう。ただ、答えを言うだけでは口頭試問の意味がありません。求められているのは、どう考えてその答えになったのかということです。保護者の方は、口頭試問形式で試験を行う意味を考えて対策をするようにしてください。

【おすすめ問題集】

新 口頭試問・個別テスト問題集、新 ノンペーパーテスト問題集

問題38　分野：行動観察

〈解 答〉　省略

ゲーム形式の課題なのでお子さまは楽しみながらできると思います。ただ、そこが本問のポイントにもなっています。ゲームに夢中になってしまうと、走ってはいけないというお約束を忘れてしまいがちです。行動観察において指示を守るということは、絶対に守らなくてはいけないルールです。取ったカードが正解だったとしても、ルールを守っていなければ評価はされません。それはどんな課題でも同じことです。保護者の方は、指示（ルール）を守るということが行動観察で１番大切なポイントだということをしっかりと理解し、お子さまにもそれを徹底するようにしてください。

【おすすめ問題集】

Ｊｒ・ウォッチャー29「行動観察」

問題39　分野：親子面接

〈解 答〉　省略

以前は２次試験という形で面接が行われていましたが、昨年度から考査前に全員が面接を受ける形に変更されました。また、今年度は親子課題と生活巧緻性の課題が行われました。親子課題では何を答えるかというよりは、親子間（保護者間）でどんなコミュニケーションがとられているかを観ているといってもよいでしょう。面接が２年続けて変化しているので、2022年度入試でも新しい試みが行われる可能性もあります。型にはまった対策をするのではなく、どんな形でも対応できるようにふだんから親子（保護者）の間で意思統一を図っておきましょう。

【おすすめ問題集】

新 小学校受験の入試面接Ｑ＆Ａ、家庭で行う面接テスト問題集、
保護者のための面接最強マニュアル

2020年度の過去問題

問題40　分野：お話の記憶

〈準 備〉　鉛筆、クーピーペン（６色）

〈問 題〉　お話を聞いてから、次の質問に答えてください。

牧場でウマが「お花畑までかけっこをしよう」と言いました。ウシは「ぼくは走らないで、みんなを応援するよ」と言いました。ウシの「よーいドン」のかけ声で、ウサギ、トラ、ウマ、ネズミが一斉に走り出しました。走り始めた時は、１番がウマ、２番がトラ、３番がウサギ、４番がネズミでした。しかし、途中で池があり、ウサギとネズミはピョンピョンと飛び越えて渡ったので、順番が入れ替わり、１番がウサギ、２番がネズミ、３番がウマ、４番がトラになりました。遠回りの道を走っていたウマは「ずるいな」と言い、がんばってネズミを抜かし、２番になりました。その後、走っている途中にニンジン畑を見つけたウサギとウマはお腹が空いてきてしまいました。一旦走るのをやめてウサギは３本、ウマは５本ニンジンを食べました。その間にネズミとトラがウサギとウマを追い抜きました。そしてトラがネズミを抜いてゴールをしました。ネズミもトラの後すぐにゴールしました。ウサギはウマよりも先にニンジン畑を後にしたので、ウサギが次にゴールし、最後にゴールしたのはウマでした。ゴールのお花畑には、スミレがたくさん咲いていました。

（問題40の絵を渡す）
①ウサギは何本のニンジンを食べましたか。その数だけ○を書いてください。
②スミレの色は何色ですか。四角の中の○にその色を塗ってください。
③「かけっこをしよう」と言ったのは誰ですか、○をつけてください。
④最初にゴールしたのは誰ですか。○をつけてください。

〈時 間〉　各15秒

〈解 答〉　①○：３　②○：紫　③右から２番目（ウマ）　④左から２番目（トラ）

［2020年度出題］

学習のポイント

当校のお話の記憶の問題は、400字程度と一般的な小学校受験のお話よりは短いお話が例年出題されています。設問の特徴としては、お話に出てきたものの色を聞かれるということです。ですから、お話を聞き取る時に、色が出てきたら、その色が何なのか、という細かいところまで聞き取る必要がありますが、聞き取り方を工夫すればそこまで難しいものではありません。その工夫の１つにお話をイメージするという方法があります。保護者の方はふだんの読み聞かせの後や途中で、お子さまに質問をしてみてください。お子さまはその質問に答えようと頭の中でお話を思い出そうとします。これを繰り返し行っていけば、この問題のようなペーパー学習でお話を聞き取る場合でも、イメージすることでお話の記憶が残りやすくなるでしょう。

【おすすめ問題集】
　１話５分の読み聞かせお話集①・②、お話の記憶問題集 初級編・中級編、
　Ｊｒ・ウォッチャー19「お話の記憶」

問題41　分野：図形（点図形・模写、四方からの観察）

〈準 備〉　クーピーペン（黒）

〈問 題〉　（問題41－１の絵を渡す）
①②左のお手本を見て、同じように右側に書き写してください。
（問題41－２の絵を渡す）
③④左の四角を上から見た形はどれですか。正しいものに○をつけてください。

〈時 間〉　各２分

〈解 答〉　①②省略　③左下　④左下

［2020年度出題］

学習のポイント

①の問題は「点図形」です。左のお手本を見ながら、その通りに線を引いていくという問題なので、それほど難しい問題ではありません。どの志願者も線を引き間違えるということはほとんどありませんから、この問題でほかの志願者と差をつけるには、線をていねいに引けるかどうかがポイントとなります。縦や横だけでなく、斜めに線を引いたり、クーピーペンで線を引いたり、と訓練したらある程度向上できるところもありますので、繰り返し類題を取り組んでいきましょう。②の問題は上から見た状態の図形を見つける「四方からの観察」です。イラストに描かれていない視点からどのように見えるか答えることは、保護者の方が思ってる以上にお子さまにとって難しいと言えます。なぜ難しいのか考えていくと、実際にその経験をしていないため、頭の中でイメージがつきにくいということがほとんどです。ですから、１度でいいので、実際に実物を使って見てみるという経験をお子さまにさせましょう。問題と同じように積み木を積んで、さまざまな視点から見てください。見え方によって、積み木が隠れてしまうという発見など理解できると思います。こういった発見をすることで、次にペーパー学習で類題に取り組んだ場合もそれが活かされ、問題が解けるようになります。

【おすすめ問題集】
Ｊｒ・ウォッチャー１「点・線図形」、51「運筆①」、52「運筆②」、
53「四方からの観察　積み木編」

問題42　分野：数量（数える）

〈準 備〉　鉛筆

〈問 題〉　左の形を作るためには、積み木がいくつ必要でしょうか。その数だけ右の四角に○を書いてください。

〈時 間〉　各30秒

〈解 答〉　①○：８　②○：７　③○：10　④○：11

［2020年度出題］

学習のポイント

この問題を解くポイントとして、隠れている積み木の存在を把握できているかどうかです。例えば①ですが、手前に積まれている積み木があると、奥の積み木は見えません。そういった積み木をイメージして数えることが大切になってきますが、前問でも言った通り、経験がないとお子さまにとっては非常に難しいものとなります。ですから、実物を積む経験をしていきましょう。加えて、数え忘れたり、重複して数えるということをしないように「下に積まれている積み木から順番に上へと数える」など、お子さま自身の中で数えるルールを決めるように指導しましょう。

【おすすめ問題集】

Ｊｒ・ウォッチャー14「数える」、16「積み木」、
53「四方からの観察　積み木編」

問題43　分野：推理（シーソー、じゃんけん）

〈準 備〉　鉛筆、クーピーペン（青）

〈問 題〉　①シーソーでくだものの重さを比べました。２番目に軽いものはどれですか。下から選んで○をつけてください。
②男の子と女の子がじゃんけんを８回します。１回勝ったら、○を青色に塗ってください。○が足りなくなったら、△を塗ってください。男の子が８回勝ったらどうなりますか。記号に色を塗ってください。

〈時 間〉　30秒

〈解 答〉　①左から２番目（イチゴ）　②○５個、△３個に色を塗る

［2020年度出題］

学習のポイント

①の問題は重さを比べる「シーソー」の問題です。シーソーにものを載せると、軽い方が上に上がります。このことに注意して、１つひとつのシーソーを見比べると、上に上がっているくだものはイチゴとモモだけとわかります。上から３番目のシーソーを見ると、モモとイチゴの重さを比べているシーソーで、イチゴが上に上がっているということから、イチゴの方がモモより軽いということがわかります。そして、１番下のシーソーを見ると、イチゴ１個とブドウ２個が同じ重さということがわかるので、１番軽いのがブドウ、その次がイチゴとわかります。②のこの問題は、男の子がじゃんけんに勝った回数分、記号を塗る問題です。じゃんけんに勝てば、○に色を塗ることができます。そして、○が足りなくなったら△にも色を塗ることができます。問題を見てみると、○は５つしかありませんから、男の子が８回勝ったということは、○５つに△も３つ塗られていれば、正解となります。

【おすすめ問題集】

Ｊｒ・ウォッチャー31「推理思考」、33「シーソー」

問題44　分野：言語（しりとり）

〈準 備〉　クーピーペン（赤）

〈問 題〉　「イノシシ」から「ミカン」までのしりとりをしてください。赤色のクーピーペンで線をつないでください。

〈時 間〉　１分

〈解 答〉　下図参照

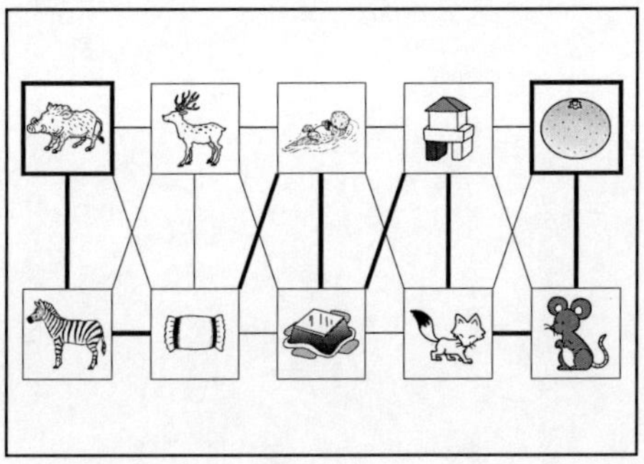

［2020年度出題］

学習のポイント

「しりとり」でつながるものを線でつないでいく問題です。この年齢のお子さまであれば、「しりとり」といえば理解できると思います。また、しりとりの最初と最後のものがわかっているので、順番に頭音と尾音を確認していけば困惑せずに取り組めると思います。ですからお子さまがこの問題を間違えてしまうのであれば、原因はそのものの正しい名称を知らないということでしょう。そのものを知らなければ、知る時に正しい名称で覚えればよいですが、間違った名称で覚えていた場合は、今一度覚えていた名称を直していくということをしなければなりません。これは小学校受験を考えている方にとってはとてももったいないことと思ってよいでしょう。ですから、保護者の方はお子さまが覚えているものの中で家庭内でしか通用しないものや、地域特有のもので覚えていることに気が付いたらすぐに直すようにしてください。

【おすすめ問題集】
Ｊｒ・ウォッチャー18「いろいろな言葉」、49「しりとり」、
60「言葉の音（おん）」

問題45　分野：常識（総合）

〈準 備〉　鉛筆、クーピーペン（12色）、「雪やこんこ」「こいのぼり」などの音源、音楽再生機器

〈問 題〉　（問題45－１の絵を渡す）
①左の「パンダ」のように、「パ」や「ダ」と同じような言葉がつくものに○をつけてください。
②この中で仲間外れのものを見つけて○をつけてください。
（問題45－２の絵を渡す）
③今から音楽を流します。
（「雪やこんこ」を流し、音楽を止めたら）
それでは今の歌と同じ季節の絵に青色のクーピーペンで○をつけてください。
（解答が終わったら、同じように「こいのぼり」を流す）
それでは今の歌と同じ季節の絵に黄色のクーピーペンで○をつけてください。
④モミジとイチョウは秋になったら何色に変わりますか。その色を塗ってください。
（問題45－３の絵を渡す）
⑤正しい配膳はどれですか。○をつけてください。

〈時 間〉　各30秒

〈解 答〉　①右から２番目（ペンギン）　②左から２番目（ダイコン）
③○（青）：右端（冬）、○（黄）：左端（春）
④モミジ：赤、イチョウ：黄　⑤左下

［2020年度出題］

学習のポイント

当校の常識問題は、季節、マナー、言葉など幅広い分野から出題されています。どの分野から出てきても解けるように、対策をとっておきましょう。①は濁点や半濁点がついている言葉を選ぶ問題です。濁点、半濁点というと難しいですが、言葉に点々がついているものや、丸がついているものです。問題で言う、「パンダ」の「パ」や「ダ」がそれにあたります。選択肢を見てみると、「アヒル」「シマウマ」「ペンギン」「トナカイ」です。このことから正解は「ペンギン」とわかります。②は土の中で育つ野菜とそうでない野菜を見分ける問題です。こういった知識は小学校受験で頻出なので、必ず対策をとっておきましょう。③は音楽を聞いて、その音楽の季節を見つける問題です。「雪」「こいのぼり」という季節の言葉が出てくるので聞いたことがなくても解ける問題ですが、聞いておいた方が季節のイメージがしやすく、問題を解くことに苦労はしないでしょう。④も季節の問題です。実際にその季節になって、モミジ、イチョウの色がどうなっているのか確認するという体験を１度はさせましょう。その体験をするだけでもお子さまは知っているという自信につながります。⑤は正しい配膳を見つける問題です。正しい配膳を知っているということは、家でもそういう取り組みがしっかりされているという考えにつながってきます。ですから、間接的に親の躾も観られている問題と思ってよいでしょう。お子さまが間違ったのであれば、保護者の方は自らの躾を見直してみてください。

【おすすめ問題集】
Ｊｒ・ウォッチャー11「いろいろな仲間」、12「日常生活」、27「理科」、34「季節」、55「理科②」

問題46　分野：制作

〈準 備〉　クーピーペン（12色）、折り紙、ハサミ、のり、ひも、色画用紙（ピンク、水色、白２枚）、チャック付きの袋（画用紙が入るサイズ）
あらかじめ、白の画用紙、袋に穴を開けておく。画用紙（ピンク、白）に絵を描いておく。
※穴の位置、絵は問題46－１を参考にしてください。

〈問 題〉　**この問題は絵を参考にしてください。**
①（問題46－１の絵を見せる）
今見た絵を作ります。
（問題46－２の絵を渡す）
・☆マークが描かれている紙の三角と丸、長方形をハサミで切り、穴が空いた白い画用紙に、見本（問題46－１の絵）と同じ位置にのりを使って貼ってください。足や耳、顔などをクーピーペンで描き足してください。
・◇マークが描かれている紙のトラックをハサミで切り、見本と同じ位置でのりを使って貼ってください。
・★マークが描かれている紙の太線をハサミで切ってください。切り終えたら、○が書いてある線を山折り、☆が書いてある線を谷折りに折ってください。
・水色の画用紙を大きな長い丸になるようにちぎって、穴の空いた白い画用紙に見本通りに貼ってください。
・水色の画用紙を貼り終えたら、その上に★マークが描かれている紙を切り取ったものを画用紙の上に置いてください。橋の出来上がりです。
・ピンクの画用紙の絵を切って、何も描いていない白の画用紙に貼ってください。貼り終えたら、チャック付きのビニール袋に入れてください。
・画用紙をチャック付きのビニール袋に入れたら、問題46－２の絵を貼り付けた白い画用紙の穴とビニール袋の穴を重ねて、ひもを通してちょう結びにしたら完成です。

〈時 間〉　20分

〈解 答〉　省略

［2020年度出題］

学習のポイント

「切る」「貼る」などの基本的な作業が観られている制作の課題です。指示が多いため、複雑に見える課題ですが、１つひとつの指示を見ていくと、「線に沿って切る」「見本通りに貼る」「ちょう結び」など指示されていることはお子さまにとっても理解できるものばかりだと思います。ですから、実際に取り組んで、お子さまが苦手なことを見つけたらそれを何度も反復してこなしていくことが最もよい対策と言えます。ひもの結び方、「折り方」の呼び名など、さまざまなところにつまずくポイントがこの問題にはあります。お子さまが苦手なところをいち早く確認できるように保護者の方はまずはお子さまの作業を見守ってください。

【おすすめ問題集】
実践 ゆびさきトレーニング①・②・③、Ｊｒ・ウォッチャー23「切る・貼る・塗る」

問題47　分野：運動

〈準　備〉　①なし
②平均台（台の上に×の印をつけておく）
③フープ（白、赤、黄色、青、緑）
真ん中に白、前に赤、後ろに黄色、右に青、左に緑のフープを置く。
④なし
⑤なし

〈問　題〉　**この問題の絵はありません。**
①ラジオ体操
・先生の動きに合わせて、いっしょに体操をしましょう。
②平均台
今から指示を出します。その通りに行ってください。
・×の印で右足を上げ、笛が鳴るまで片足バランスをしてください。
（逆の足でも行う）
・×の印を踏まないように平均台を渡ってください。
・×の印でくるくる回ってください。
・×の印に足をかけマットに手をついて、笛が鳴るまで腕立て伏せの姿勢を保ってください。
③ジャンプ運動
今から先生が指示を出した色にジャンプをします。
複数の色を言われても１回、真ん中の白に戻ってください。
例えば、「赤、黄色」と先生が言えば、「赤→白→黄色→白」というように必ず白に戻ってから違う色へジャンプしてください。
④行進
・リズムに合わせてその場で足踏みをしてください。
・「行進」の合図があったら前に進んでください。
・「右（左）」の合図があったら、その方向に曲がってから進んでください。
・「やめ」の合図があったらスキップで元の位置に戻ってください。
⑤スキップ
・（③で使った）フープの周りを笛が鳴るまでスキップしてください。

〈時　間〉　適宜

〈解　答〉　省略

［2020年度出題］

学習のポイント

運動の課題では、サーキット運動が例年出題されています。その内容のほとんどが基本的なものばかりなので、観られている点は運動能力というよりは、取り組む姿勢や態度と言えるでしょう。また、簡単な課題ですが、指示の回数がとても多いのがこの課題の特徴です。最後まで話を聞き取れているか、ということも観られていると思います。スキップやラジオ体操、ジャンプ運動など家でも行えるものがほとんどなので、実際に家で練習してみるのもよいでしょう。平均台はひもやビニールテープなどを代用して、バランス力を養うことも可能です。

【おすすめ問題集】
新 運動テスト問題集、Ｊｒ・ウォッチャー28「運動」

問題48　分野：行動観察

〈準 備〉　ボール（お手玉サイズ／複数個）、ドミノ（複数枚）、カゴ（３つ）、
テープ（赤）

〈問 題〉　**この問題は絵を参考にしてください。**
（５～６名程度のグループで行う）
①玉入れ
四角の中からかご目がけてボールを投げてください。１番奥のカゴは50点、２番目の奥のカゴは30点、１番手前のカゴは10点です。
②ドミノ並べ
赤いテープの上にできるだけ長くドミノを並べてください。
③お話コーナー
先生がお話をします。その後、お話についての質問をしますので答えてください。
※お話はグループによって異なっていました。

〈時 間〉　適宜

〈解 答〉　省略

［2020年度出題］

学習のポイント

当校の行動観察では、グループでさまざまな課題に取り組みます。①のようにほかのグループと競い合う課題では、結果にとらわれて自分勝手にしてしまうかどうか。②のように１人で集中しなければならない作業をみんなと協力して取り組む課題では、自分の集中力だけでなく、ほかの人が集中できるような配慮ができるかどうか。③ではほかのお友だちのさまざまな解答を聞いて、それをうまく自分の意見に組み込めるか、もしくはそれでもはっきりと意見を通せるかどうかが観られています。行動観察では、まず自分のことではなく、自分のグループをどうするかを考えさせるように保護者の方は指導していきましょう。日頃から多くのお友だちと遊ぶということも立派な行動観察の学習の１つと言えるでしょう。

【おすすめ問題集】
新 口頭試問・個別テスト問題集、新 ノンペーパーテスト問題集、
Ｊｒ・ウォッチャー29「行動観察」

問題49　分野：親子面接

〈準 備〉　なし

〈問 題〉　この問題の絵はありません。

【志願者へ】
・名前と園名を教えてください。
・今、１番がんばっていることは何ですか。
・小学校に入ったら何がしたいですか。
・お父さんとお母さんの好きなところはどこですか。
・大きくなったらどんな人になりたいですか。
・園で１番仲のよいお友だちは誰ですか。

【保護者へ】
・志望理由をお聞かせください。
・教育で大事にされていることは何ですか。
・お子さまは幼稚園（保育園）の先生にどのように言われていますか。それは家での様子と違いますか。
・休みの日はお子さまとどのように過ごしていますか。
・在校生にお知り合いの方はいらっしゃいますか。
・通学方法を教えてください。

〈時 間〉　15分程度

〈解 答〉　省略

［2020年度出題］

学習のポイント

当校の面接は、前回までは２次試験として、１次試験を通らなければ受けることはできませんでしたが、今回からは試験前にすべての家庭が受けるようになりました。形式としては試験官が２人と、親子３人（子どもが真ん中）が向かい合うようにして進められます。質問は、お子さま→保護者の順で進められ、お子さま自身のことや志望動機、ご家庭での様子などの一般的なもののほかに、出願書類に記入した内容からの質問などもあったようです。回答内容によっては、さらに突っ込んだ質問が加えられる場合もありました。特徴的な質問としては、家族以外の視点から観たお子さまの評価が聞かれていることです。これは、他者からの評価を保護者の方が把握しているかどうか、保護者と他者の評価が食い違っていないかなどを観ていると考えられます。また、併願校に受かった場合どうするかなど、入学の意思を確認するような質問も特徴と言えます。質問の内容は、ご家庭ごとにさまざまですが、総じて、名進研小学校の教育理念・校風に合っているかどうかが観られていると言えるでしょう。

【おすすめ問題集】
新 小学校受験の入試面接Ｑ＆Ａ、家庭で行う面接テスト問題集、
保護者のための面接最強マニュアル

☆名進研小学校

問題４０

①

②

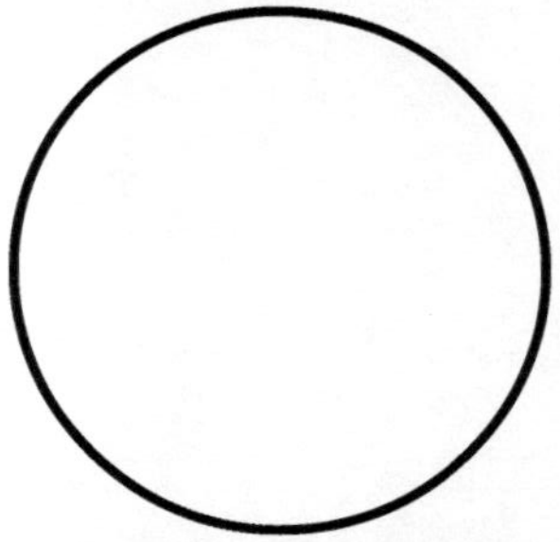

③

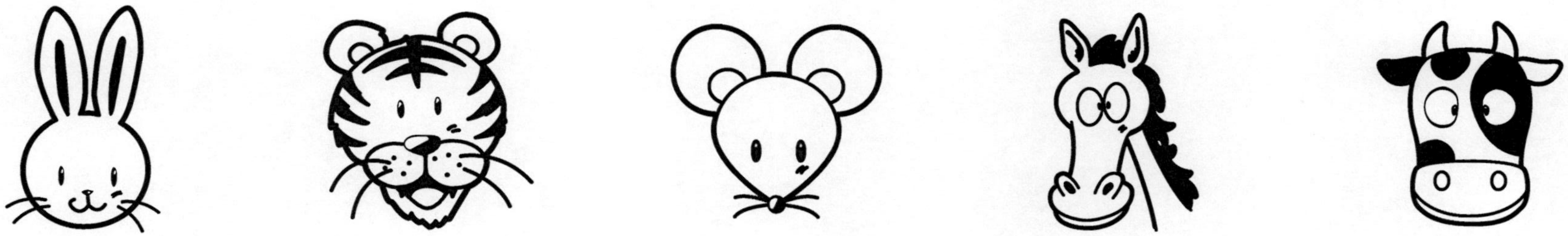

④

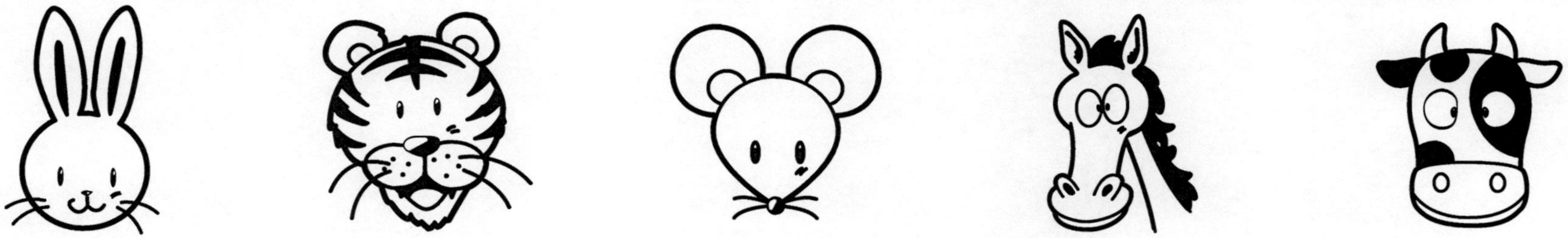

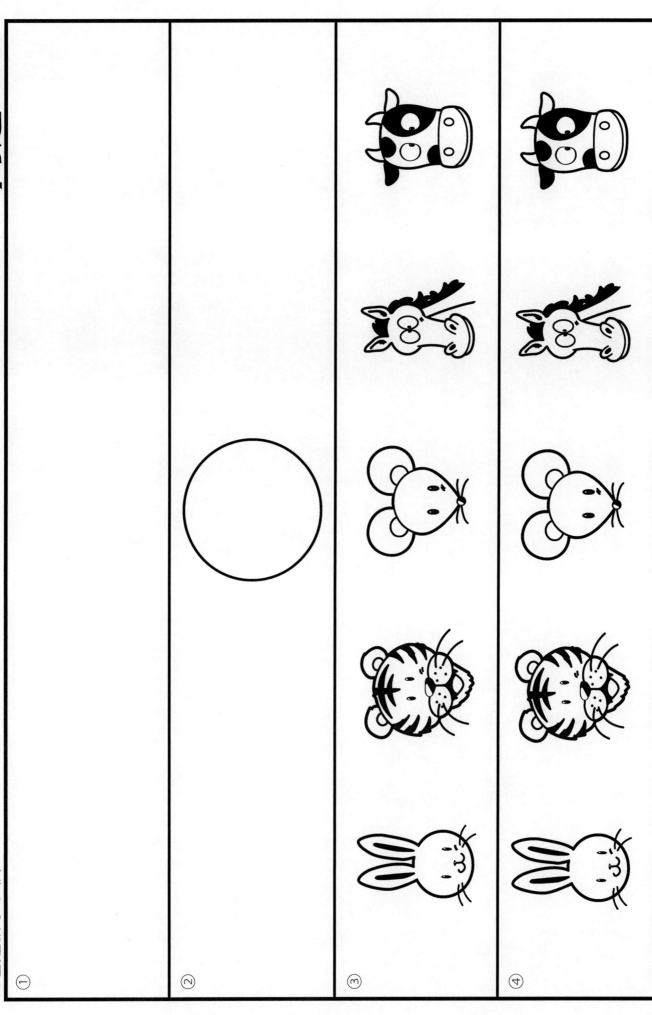

問題４１−１

①

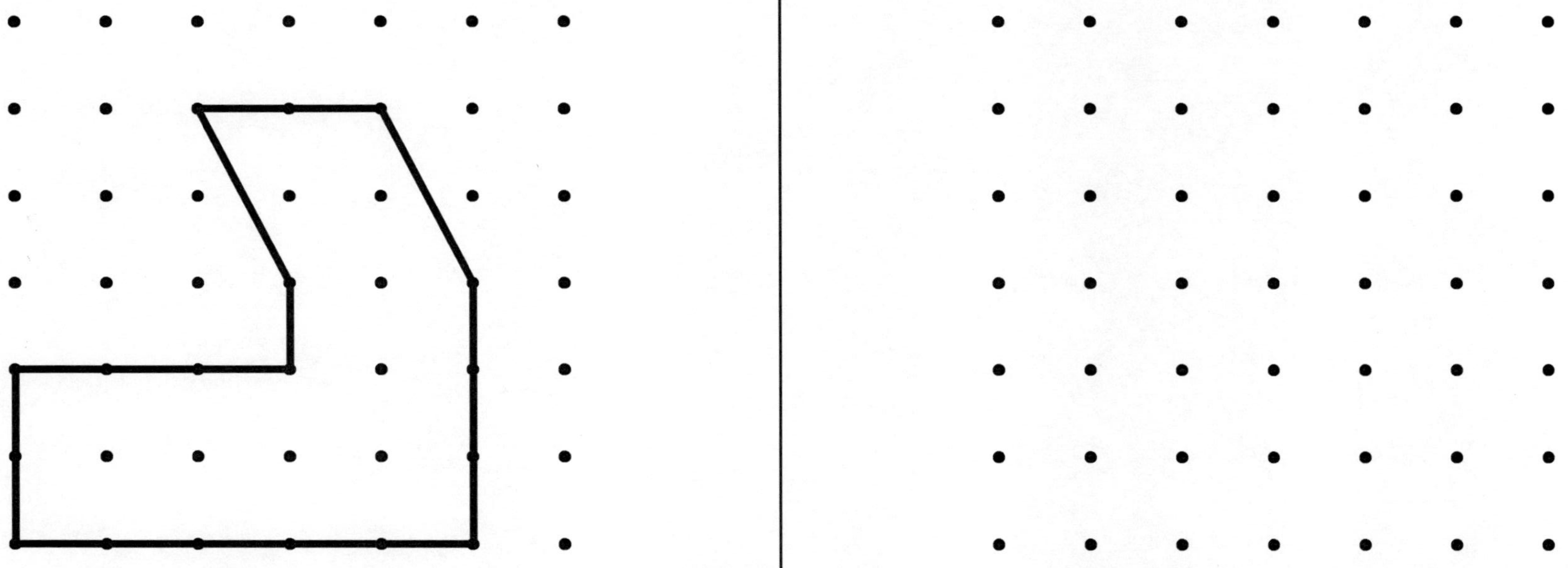

②

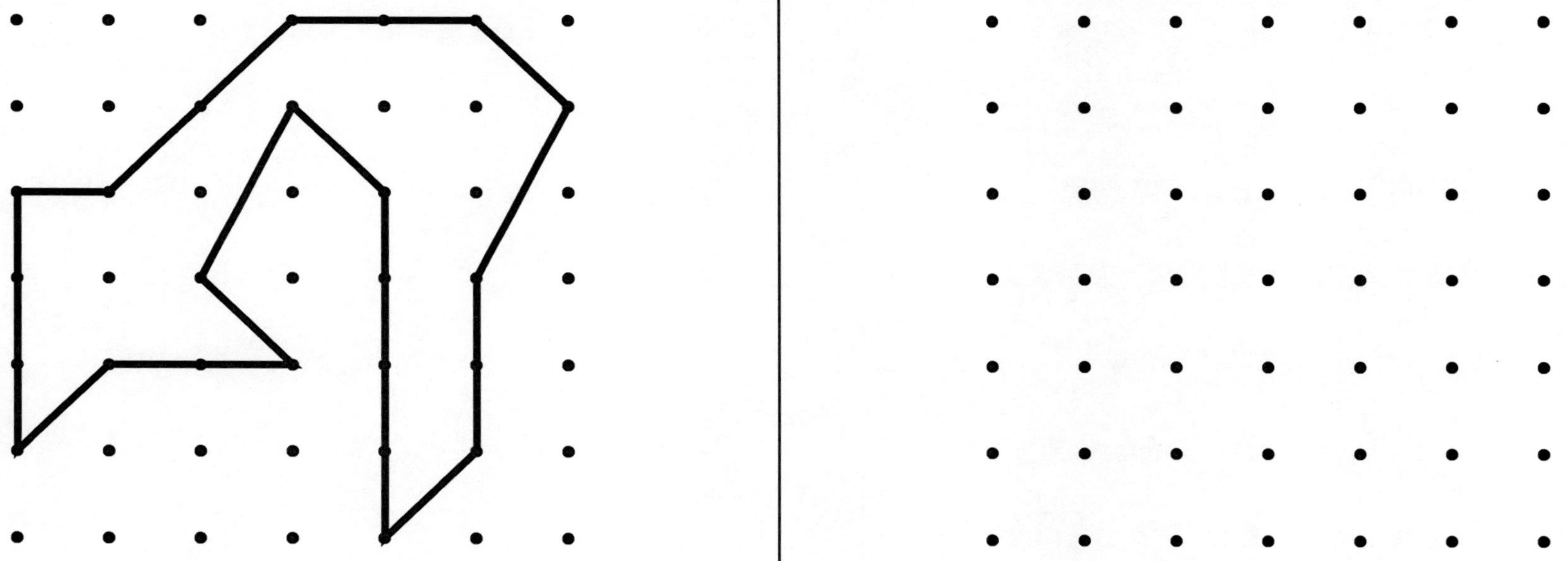

問題41－2

③

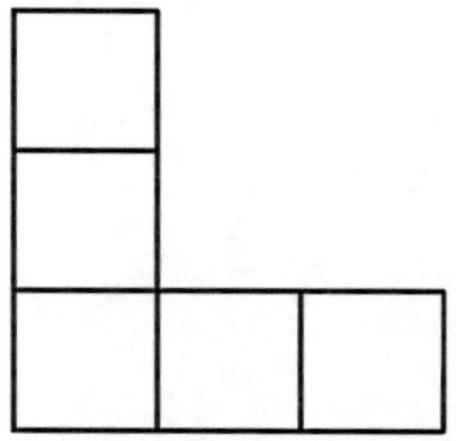

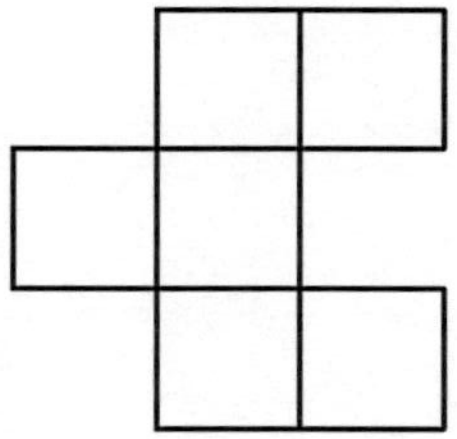

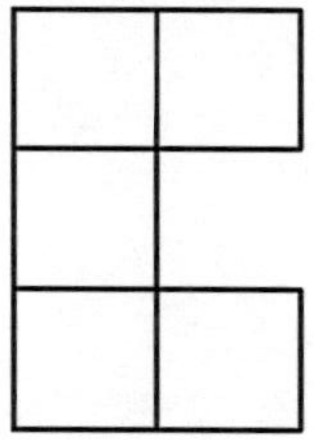

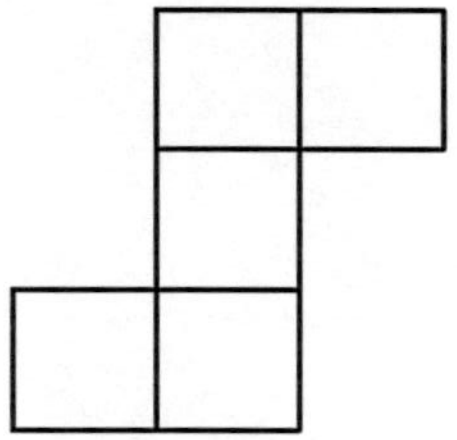

④

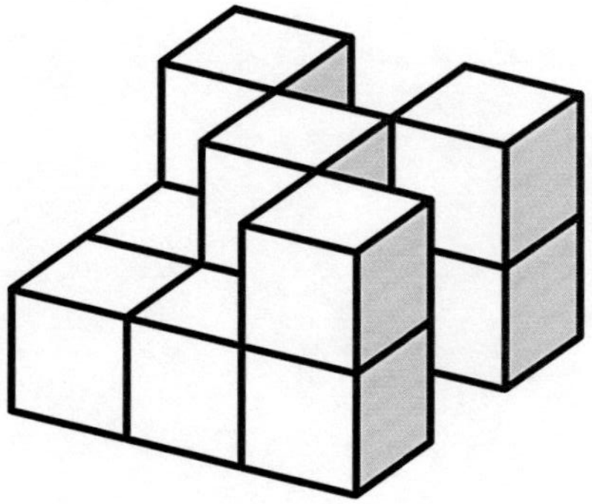

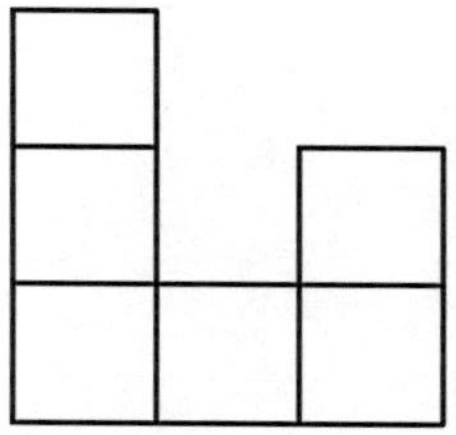

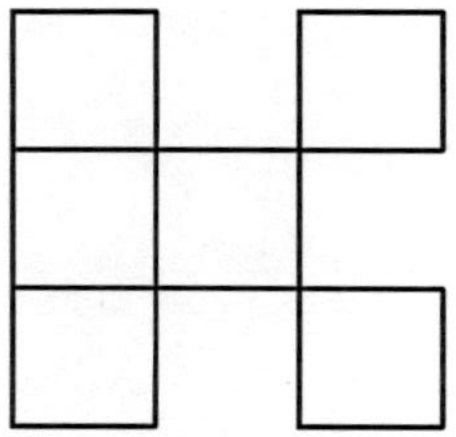

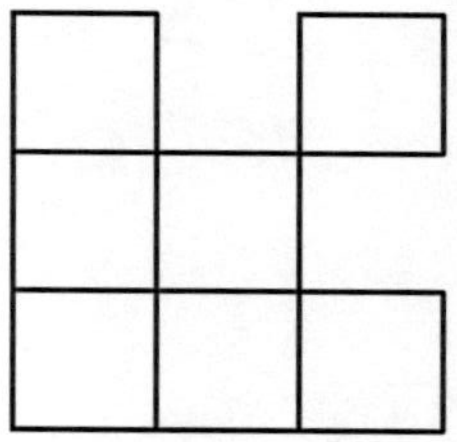

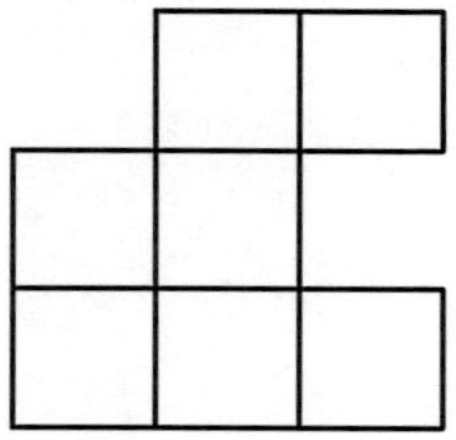

日本学習図書株式会社

☆名進研小学校

問題４２

①

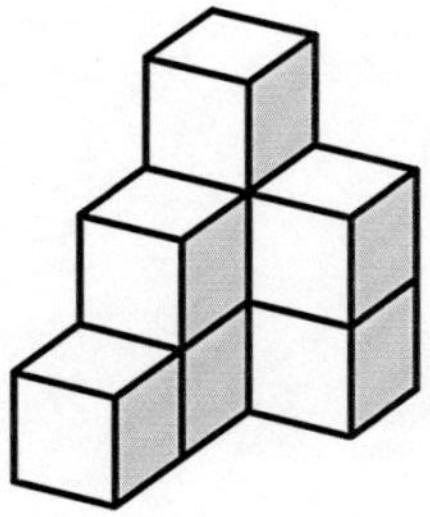

②

③

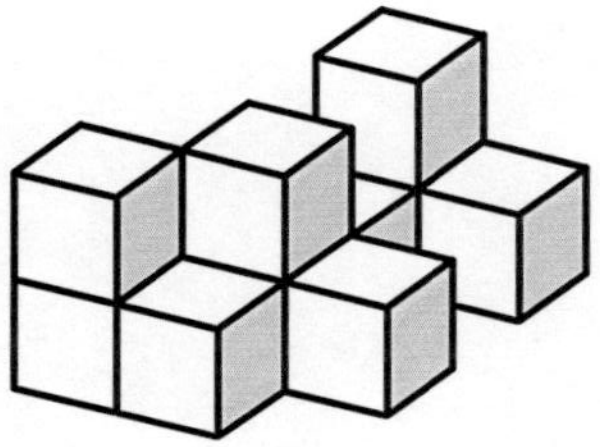

④

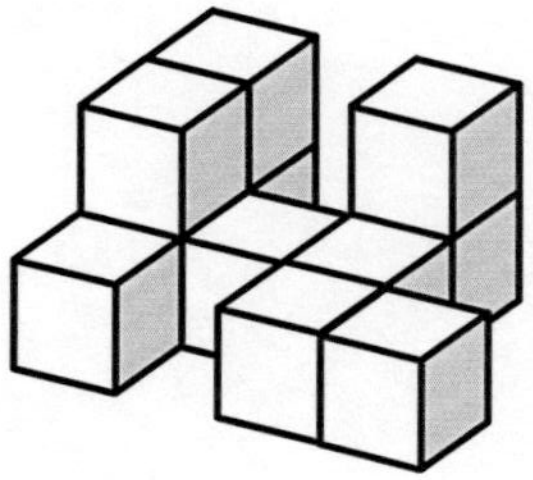

問題４３

①

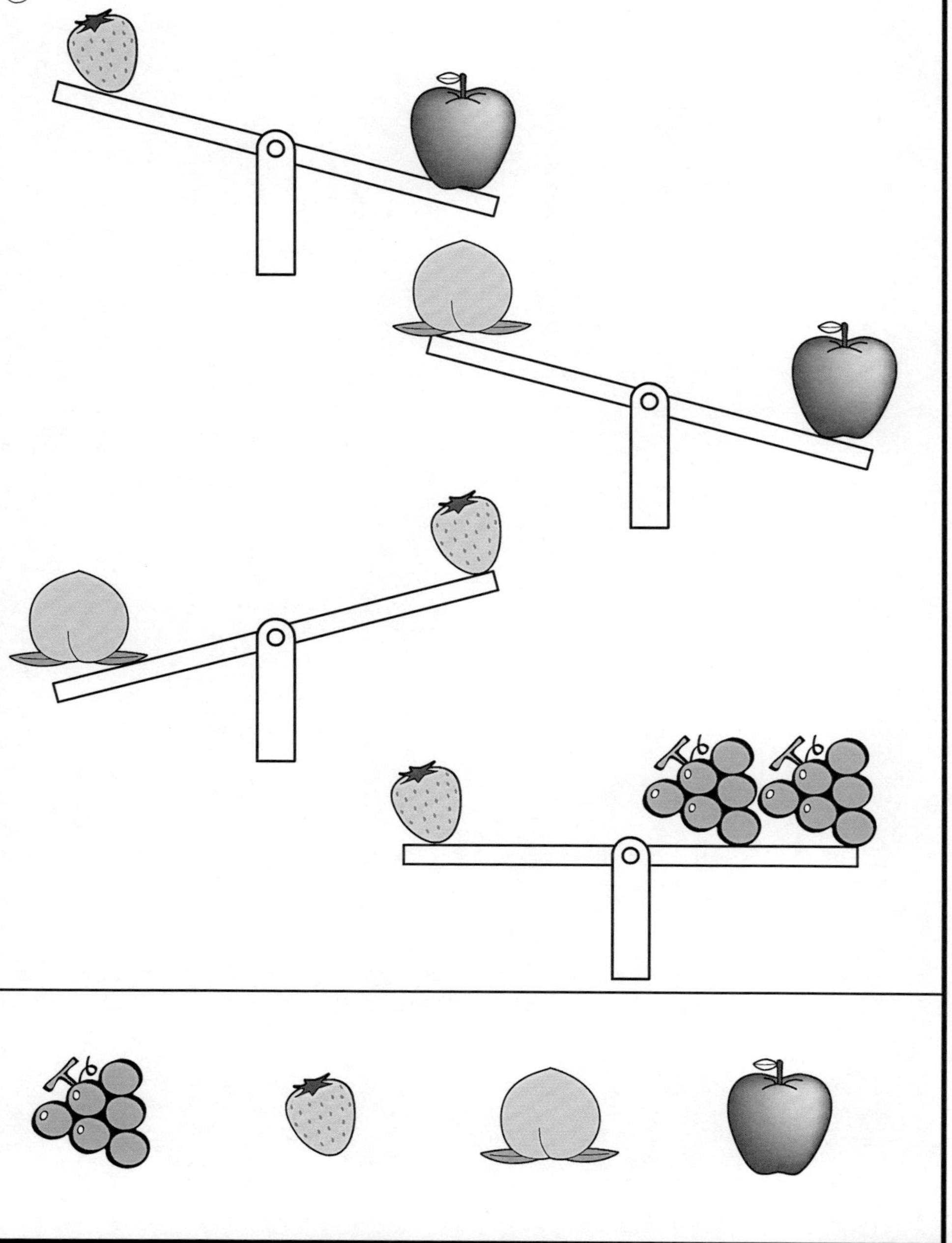

②

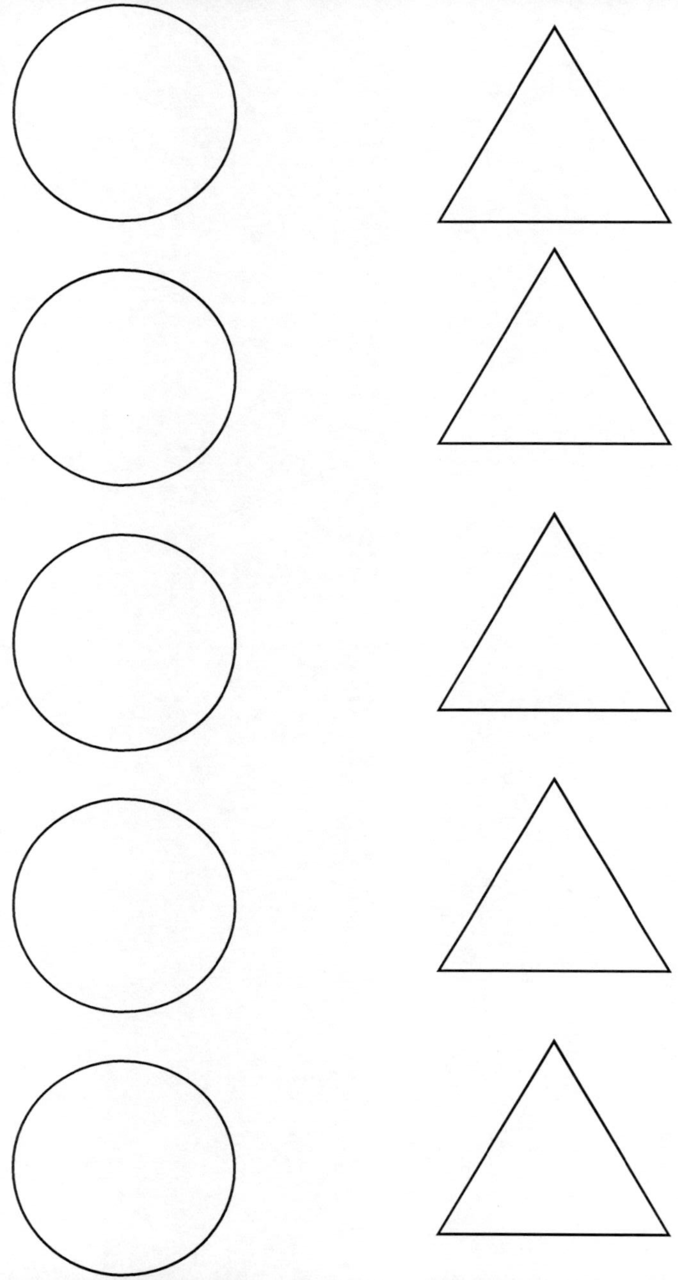

　

問題４４

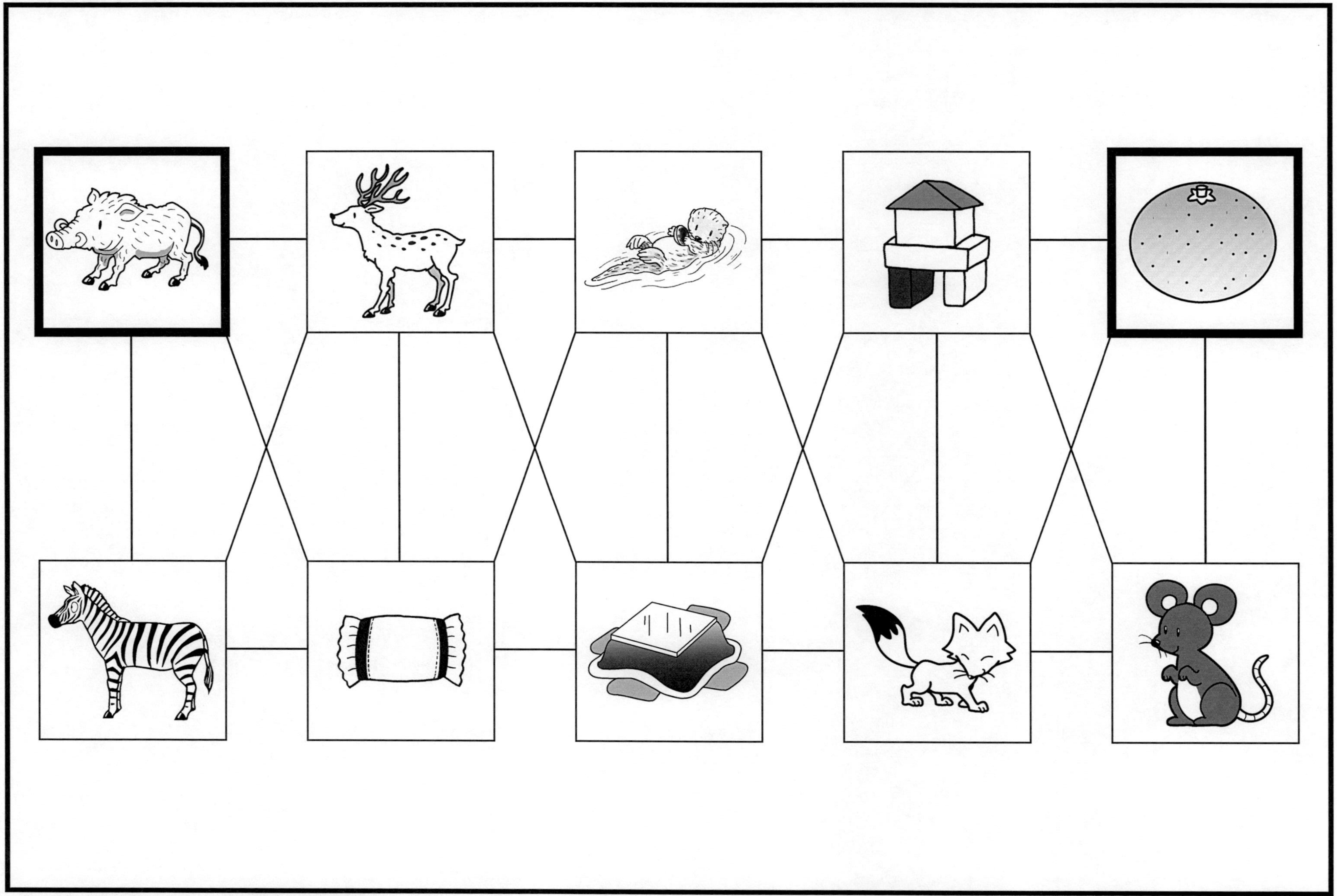

☆名進研小学校

問題４５－１

①

②

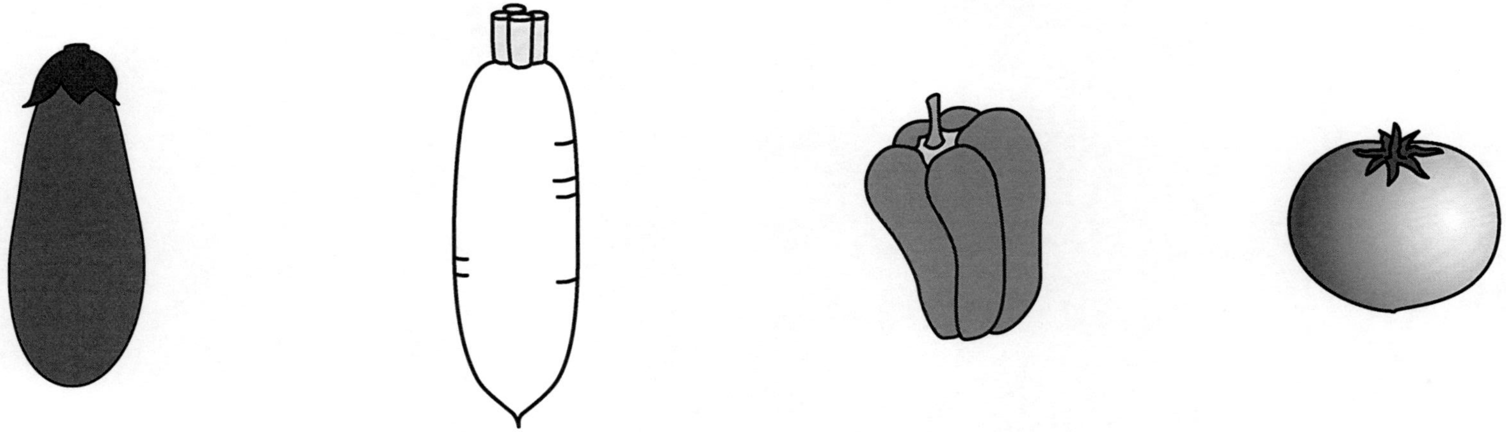

問題４５－２

③

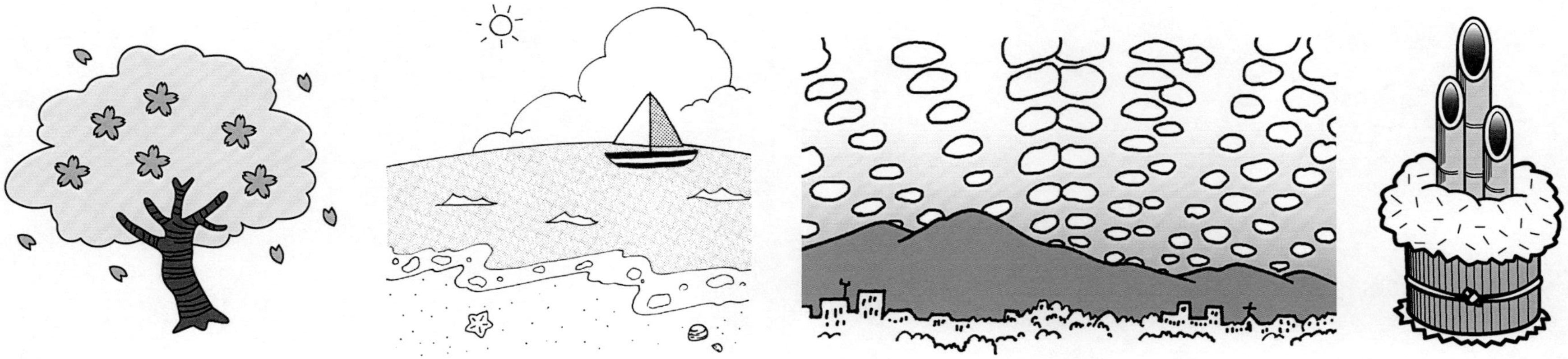

④

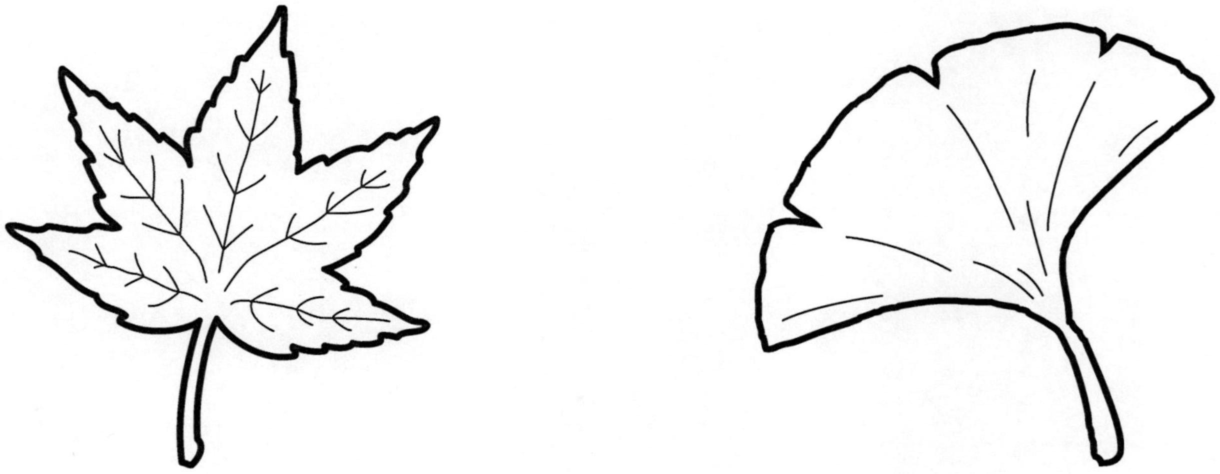

日本学習図書株式会社

2022年度 愛知私立 過去 無断複製／転載を禁ずる

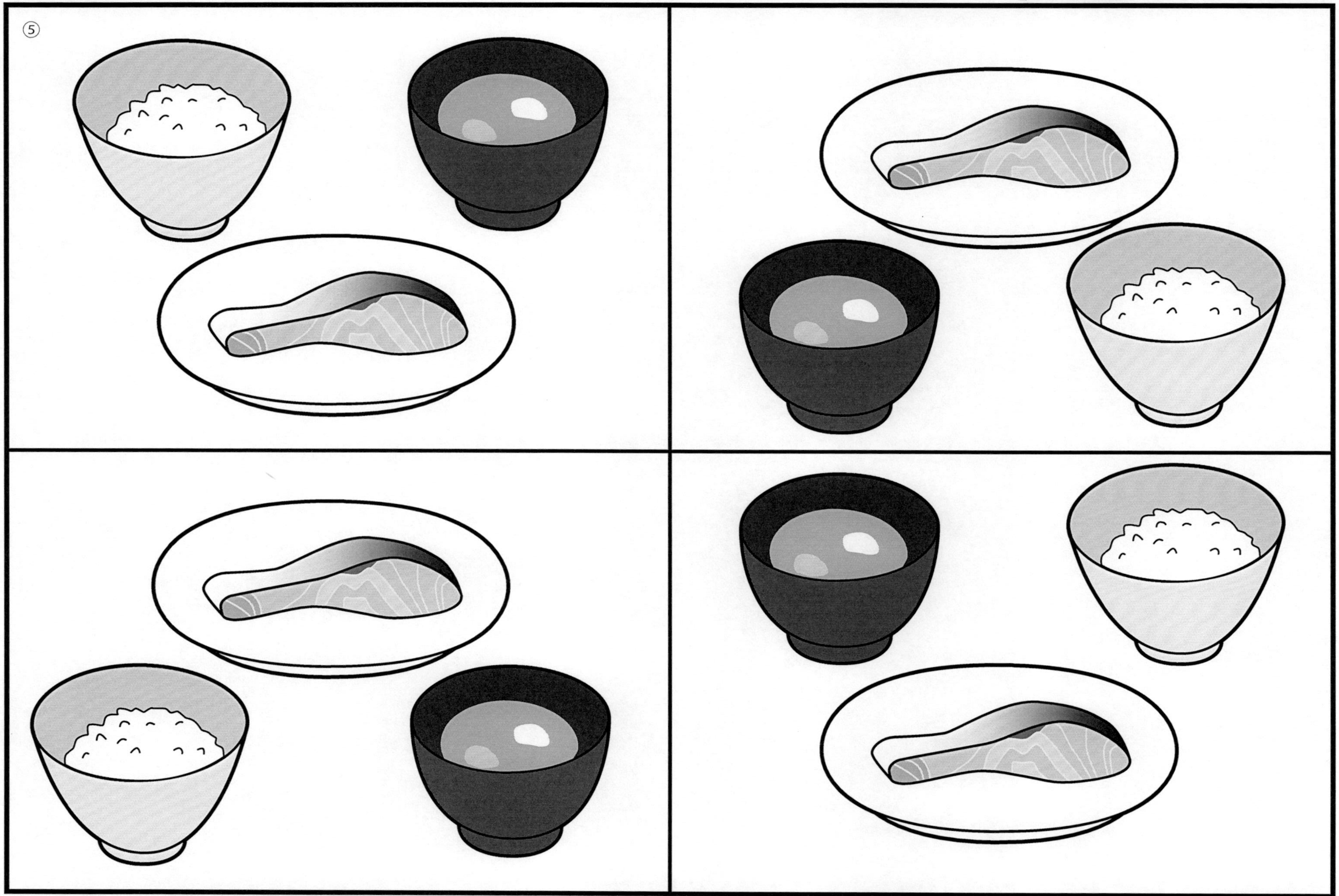

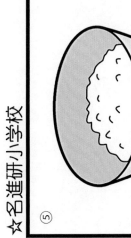

2022年度　愛知私立　過去　無断複製／転載を禁ずる　日本学習図書株式会社

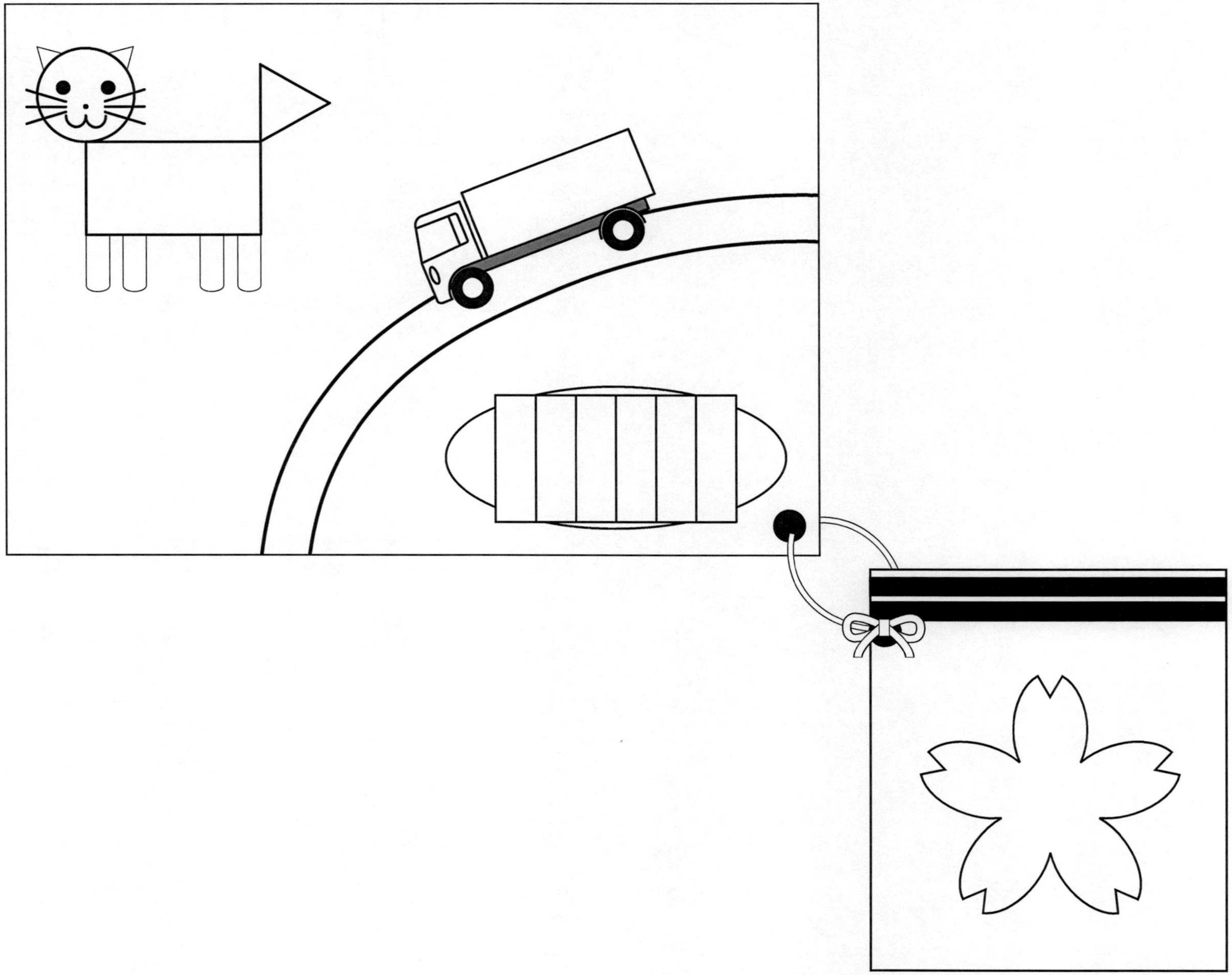

☆名進研小学校

問題４６－２

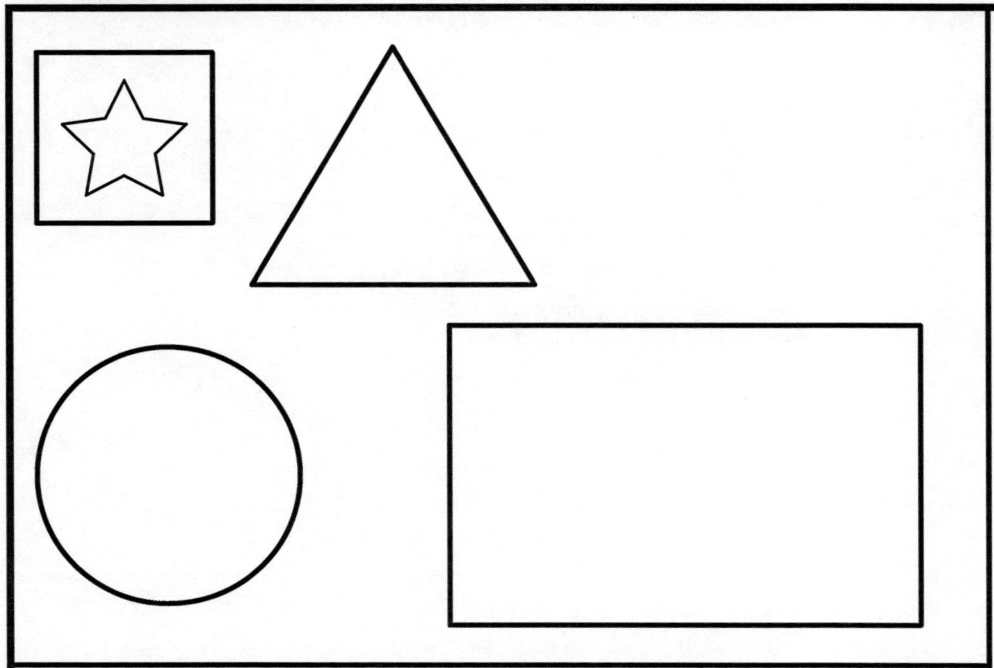

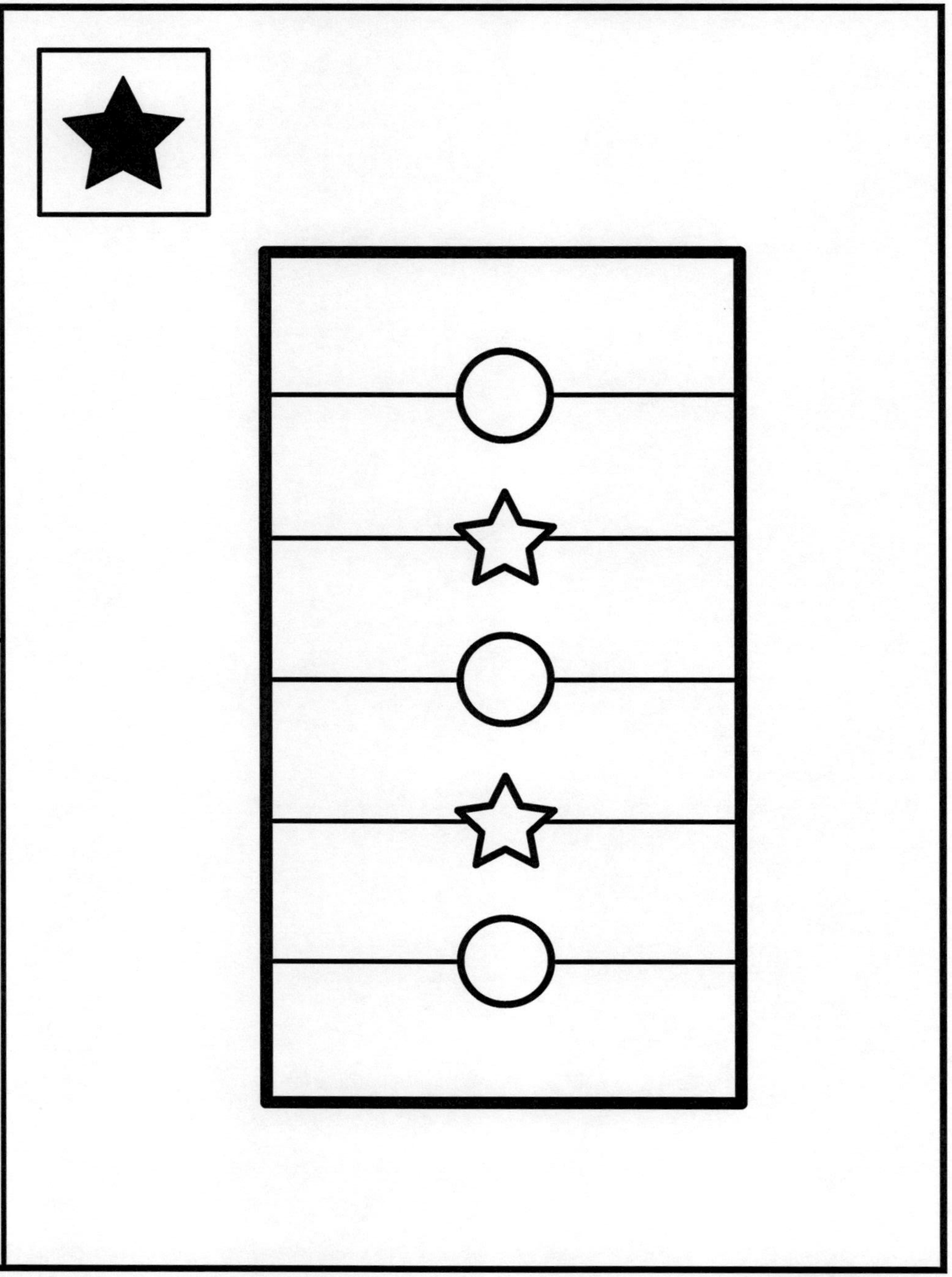

☆名進研小学校

問題４８

①

②

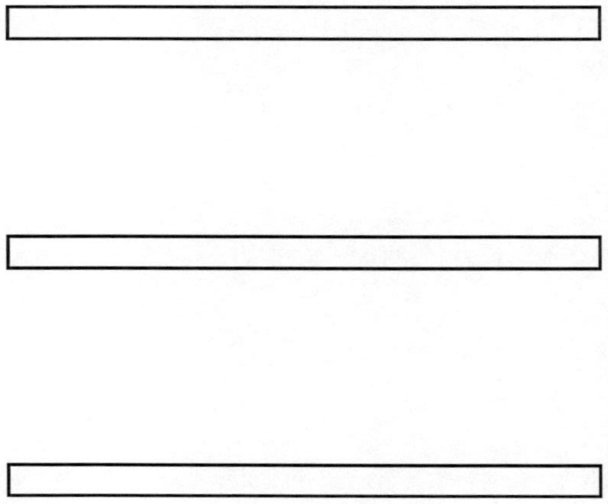

③

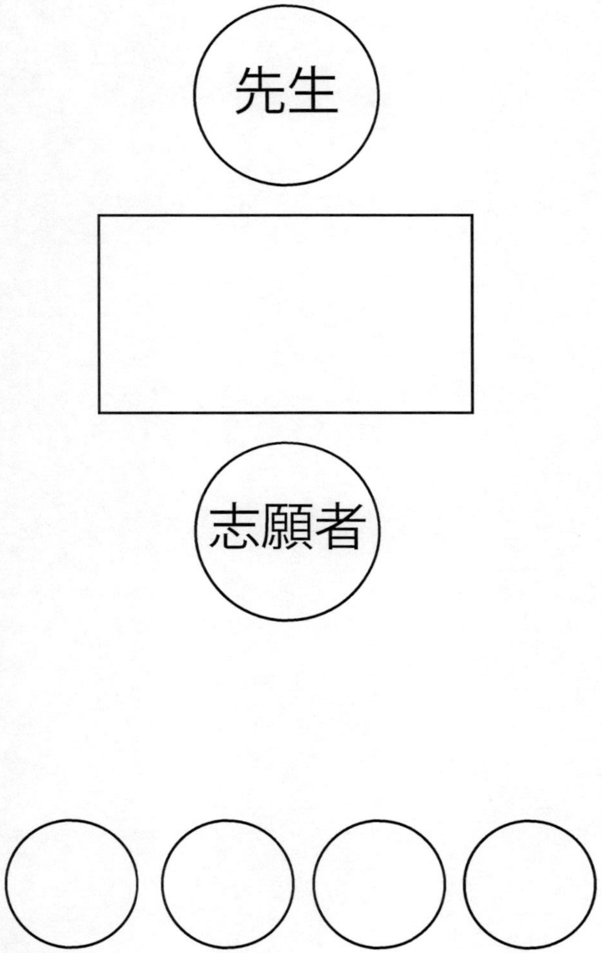

分野別 小学入試練習帳 ジュニアウォッチャー

1．点・線図形	小学校入試で出題頻度の高い『点・線図形』の模写を、難易度の低いものから段階別に幅広く練習することができるように構成。
2．座標	図形の位置模写という作業を、難易度の低いものから段階別に練習できるように構成。
3．パズル	様々なパズルの問題を難易度の低いものから段階別に練習できるように構成。
4．同図形探し	小学校入試で出題頻度の高い、同図形選びの問題を繰り返し練習できるように構成。
5．回転・展開	図形などを回転、または展開したとき、形がどのように変化するかを学習し、理解を深められるように構成。
6．系列	数、図形などの様々な系列問題を、難易度の低いものから段階別に練習できるように構成。
7．迷路	迷路の問題を繰り返し練習できるように構成。
8．対称	対称に関する問題を４つのテーマに分類し、各テーマごとに問題を段階別に練習できるように構成。
9．合成	図形の合成に関する問題を、難易度の低いものから段階別に練習できるように構成。
10. 四方からの観察	もの（立体）を様々な角度から見て、どのように見えるかを推理する問題を段階別に整理し、１つの形式で複数の問題を練習できるように構成。
11. いろいろな仲間	ものや動物、植物の共通点を見つけ、分類していく問題を中心に構成。
12. 日常生活	日常生活における様々な問題を６つのテーマに分類し、各テーマごとに一つの問題形式で複数の問題を練習できるように構成。
13. 時間の流れ	『時間』に着目し、様々なものごとは、時間が経過するとどのように変化するのかということを学習し、理解できるように構成。
14. 数える	様々なものを『数える』ことから、数の多少の判定やかけ算、わり算の基礎までを練習できるように構成。
15. 比較	比較に関する問題を５つのテーマ（数、高さ、長さ、量、重さ）に分類し、各テーマごとに問題を段階別に練習できるように構成。
16. 積み木	数える対象を積み木に限定した問題集。
17. 言葉の音遊び	言葉の音に関する問題を５つのテーマに分類し、各テーマごとに問題を段階別に練習できるように構成。
18. いろいろな言葉	表現力をより豊かにするいろいろな言葉として、擬態語や擬声語、同音異義語、反意語、数詞を取り上げた問題集。
19. お話の記憶	お話を聴いてその内容を記憶、理解し、設問に答える形式の問題集。
20. 見る記憶・聴く記憶	「見て憶える」「聴いて憶える」という『記憶』分野に特化した問題集。
21. お話作り	いくつかの絵を元にしてお話を作る練習をして、想像力を養うことができるように構成。
22. 想像画	描かれてある形や景色に好きな絵を描くことにより、想像力を養うことができるように構成。
23. 切る・貼る・塗る	小学校入試で出題頻度の高い、はさみやのりなどを用いた巧緻性の問題を繰り返し練習できるように構成。
24・絵画	小学校入試で出題頻度の高い、お絵かきやぬり絵などクレヨンやクーピーペンを用いた巧緻性の問題を繰り返し練習できるように構成。
25. 生活巧緻性	小学校入試で出題頻度の高い日常生活の様々な場面における巧緻性の問題集。
26. 文字・数字	ひらがなの清音、濁音、拗音、拗長音、促音と１～20までの数字に焦点を絞り、練習できるように構成。
27. 理科	小学校入試で出題頻度が高くなりつつある理科の問題を集めた問題集。
28. 運動	出題頻度の高い運動問題を種目別に分けて構成。
29. 行動観察	項目ごとに問題提起をし、「このような時はどうか、あるいはどう対処するのか」の観点から問いかける形式の問題集。
30. 生活習慣	学校から家庭に提起された問題と思って、一問一問絵を見ながら話し合い、考える形式の問題集。
31. 推理思考	数、量、言語、常識（含理科、一般）など、諸々のジャンルから問題を構成し、近年の小学校入試問題傾向に沿って構成。
32. ブラックボックス	箱や筒の中を通ると、どのようなお約束でどのように変化するかを推理・思考する問題集。
33. シーソー	重さの違うものをシーソーに乗せた時どちらに傾くのか、またどうすればシーソーは釣り合うのかを思考する基礎的な問題集。
34. 季節	様々な行事や植物などを季節別に分類できるように知識をつける問題集。
35. 重ね図形	小学校入試で頻繁に出題されている「図形を重ね合わせてできる形」についての問題を集めました。
36. 同数発見	様々な物を数え「同じ数」を発見し、数の多少の判断や数の認識の基礎を学べるように構成した問題集。
37. 選んで数える	数の学習の基本となる、いろいろなものの数を正しく数える学習を行う問題集。
38. たし算・ひき算１	数字を使わず、たし算とひき算の基礎を身につけるための問題集。
39. たし算・ひき算２	数字を使わず、たし算とひき算の基礎を身につけるための問題集。
40. 数を分ける	数を等しく分ける問題です。等しく分けたときに余りが出るものもあります。
41. 数の構成	ある数がどのような数で構成されているか学んでいきます。
42. 一対多の対応	一対一の対応から、一対多の対応まで、かけ算の考え方の基礎学習を行います。
43. 数のやりとり	あげたり、もらったり、数の変化をしっかりと学びます。
44. 見えない数	指定された条件から数を導き出します。
45. 図形分割	図形の分割に関する問題集。パズルや合成の分野にも通じる様々な問題を集めました。
46. 回転図形	「回転図形」に関する問題集。やさしい問題から始め、いくつかの代表的なパターンから、段階を踏んで学習できるよう編集されています。
47. 座標の移動	「マス目の指示通りに移動する問題」と「指示された数だけ移動する問題」を収録。
48. 鏡図形	鏡で左右反転させた時の見え方を考えます。平面図形から立体図形、文字、絵まで。
49. しりとり	すべての学習の基礎となる「言葉」を学ぶこと、特に「語彙」を増やすことに重点をおき、さまざまなタイプの「しりとり」問題を集めました。
50. 観覧車	観覧車やメリーゴーラウンドなどを舞台にした「回転系列」の問題集。「推理思考」分野の問題ですが、要素として「図形」や「数量」も含みます。
51. 運筆①	鉛筆の持ち方を学び、点線なぞり、お手本を見ながらの模写で、線を引く練習をします。
52. 運筆②	運筆①からさらに発展し、「欠所補完」や「迷路」などを楽しみながら、より複雑な鉛筆運びを習得することを目指します。
53. 四方からの観察 積み木編	積み木を使用した「四方からの観察」に関する問題を練習できるように構成。
54. 図形の構成	見本の図形がどのような部分によって形づくられているかを考えます。
55. 理科②	理科的知識に関する問題を集中して練習する「常識」分野の問題集。
56. マナーとルール	道路や駅、公共の場でのマナー、安全や衛生に関する常識を学べるように構成。
57. 置き換え	さまざまな具体的・抽象的事象を記号で表す「置き換え」の問題を扱います。
58. 比較②	長さ・高さ・体積・数などを数学的な知識を使わず、論理的に推測する「比較」の問題を練習できるように構成。
59. 欠所補完	線と線のつながり、欠けた絵に当てはまるものなどを求める「欠所補完」に取り組める問題集です。
60. 言葉の音（おん）	しりとり、決まった順番の音をつなげるなど、「言葉の音」に関する問題に取り組める練習問題集です。

◆◆ニチガクのおすすめ問題集◆◆

より充実した家庭学習を目指し、ニチガクではさまざまな問題集をとりそろえております!!

ジュニアウォッチャー（既刊 60 巻）

①～⑥⓪（以下続刊）
本体各￥1,500 ＋税

入試出題頻度の高い 9 分野を、さらに 60 の項目に細分化した問題集が出来ました。
苦手分野におけるつまずきを効率よく克服するための 60 冊となっており、小学校受験における基礎学習にぴったりの問題集です。ポイントが絞られているため、無駄なく学習を進められる、まさに小学校受験問題集の入門編です。

国立・私立 NEW ウォッチャーズ

言語 / 理科 / 図形 / 記憶
常識 / 数量 / 推理
各 2 巻・全 14 巻
本体各￥2,000 ＋税

シリーズ累計発行部数 40 万部以上を誇る大ベストセラー「ウォッチャーズシリーズ」の趣旨を引き継ぐ新シリーズができました！
こちらは国立・私立それぞれの出題傾向に合わせた分野別問題集です。全問「解答のポイント」「ミシン目」付き、切り離し可能なプリント学習タイプで家庭学習におすすめです！

まいにちウォッチャーズ（全 16 巻）

導入編 / 練習編
実践編 / 応用編　各 4 巻
本体各￥2,000 ＋税

シリーズ累計発行部数 40 万部以上を誇る大ベストセラー「ウォッチャーズシリーズ」の趣旨を引き継ぐ新シリーズができました！
こちらは、お子さまの学習進度に合わせ、全分野を網羅できる総合問題集です。全問「解答のポイント」「ミシン目」付き、切り離し可能なプリント学習タイプで家庭学習におすすめです！

実践 ゆびさきトレーニング①・②・③

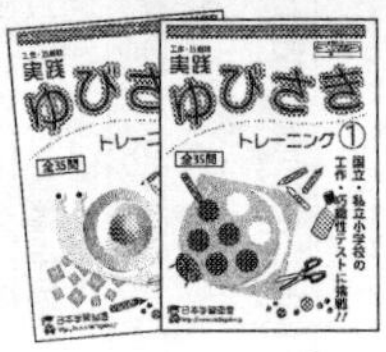

①・②・③　全 3 巻
本体　各￥2,500 ＋税

制作問題に特化した問題集ができました。
有名校が実際に出題した問題を分析し、類題を各 35 問ずつ掲載しています。様々な道具の扱い方（はさみ・のり・セロハンテープの使い方）から、手先・指先の訓練（ちぎる・貼る・塗る・切る・結ぶ）、表現することの楽しさも学習することができる問題集です。

お話の記憶問題集

初級編
本体￥2,600 ＋税
中級編 / 上級編
本体各￥2,000 ＋税

「お話の記憶」分野の問題集ができました。
あらゆる学習に不可欠な、語彙力・集中力・記憶力・理解力・想像力を養うと言われているのが「お話の記憶」という分野です。難易度別に収録されていますので、まずは初級編、慣れてきたら中級編・上級編と学習を進められます。

分野別 苦手克服シリーズ（全 6 巻）

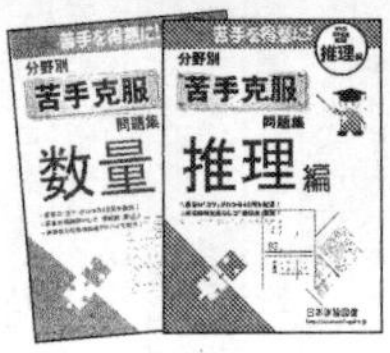

図形 / 数量 / 言語
常識 / 記憶 / 推理
本体各￥2,000 ＋税

お子さまの苦手を克服する問題集ができました。
アンケートに基づき、多くのお子さまが苦手とする数量・図形・言語・常識・記憶の 6 分野を、それぞれ問題集にまとめました。全問アドバイス付きですので、ご家庭において、そのつまづきを解消するためのプロセスも理解できます。

運動テスト・ノンペーパーテスト問題集

新 運動テスト問題集
本体￥2,200 ＋税

新 ノンペーパーテスト問題集
本体￥2,600 ＋税

ノンペーパーテストは国立・私立小学校で幅広く出題される、筆記用具を使用しない分野の問題を全 40 問掲載しています。
運動テスト問題集は運動分野に特化した問題集です。指示の理解や、ルールを守る訓練など、ポイントを押さえた学習に最適。全 35 問掲載。

口頭試問・面接テスト問題集

新 口頭試問・個別テスト問題集
本体￥2,500 ＋税

面接テスト問題集
本体￥2,000 ＋税

口頭試問は主に個別テストとして口頭で出題解答を行うテスト形式、面接は主に「考え」やふだんの「あり方」をたずねられるものです。
口頭で答える点は同じですが、内容は大きく異なります。想定する質問内容や答え方の幅を広げるために、どちらも手にとっていただきたい問題集です。

小学校受験 厳選難問集　①・②

①・②・③　全 3 巻
本体各￥2,600 ＋税

実際に出題された入試問題の中から、難易度の高い問題をピックアップし、アレンジした問題集です。応用問題への挑戦は、基礎の理解度を測るだけでなく、お子さまの達成感・知的好奇心を触発します。
①は数量・図形・推理・言語、②は位置・常識・比較・記憶分野を掲載しています。各 40 問。

国立小学校　入試問題総集編

A・B・C（全 3 巻）
本体各￥3,282 ＋税

国立小学校頻出の問題を厳選して収録した問題集です。細かな指導方法やアドバイスが掲載してあり、効率的な学習が進められます。
難易度別の収録となっており、お子さまの学習進度に合わせて利用できます。付録のレーダーチャートにより得意・不得意を認識でき、国立小学校受験対策に最適な総合問題集です。

おうちでチャレンジ　①・②

①・②　全 2 巻
本体　各￥1,800 ＋税

関西最大級の模擬試験『小学校受験標準テスト』ペーパー問題を編集した、実力養成に最適な問題集です。延べ受験者数 10,000 人以上のデータを分析し、お子さまの習熟度・到達度を一目で判別できるようになっています。
保護者必読の特別アドバイス収録！学習習熟度を測るためにも、定期的に活用したい一冊です。

Q ＆ A シリーズ

『小学校受験で知っておくべき 125 のこと』
『新 小学校受験の入試面接Ｑ＆Ａ』
『新 小学校受験 願書・アンケート文例集 500』

本体各￥2,600 ＋税

「知りたい！」「聞きたい！」
「こんな時どうすれば…？」
そんな疑問や悩みにお答えする、当社で人気の保護者向け書籍です。受験を考え始めた保護者の方や、実際に入試の出願・面接などを控えている直前の保護者の方など、さまざまな場面で参考にしていただける書籍となっています。

書籍についてのご注文・お問い合わせ
☎ 03-5261-8951

http://www.nichigaku.jp
※ご注文方法、書籍についての詳細は、Web サイトをご覧ください。

日本学習図書　検索

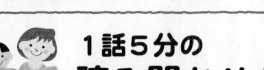

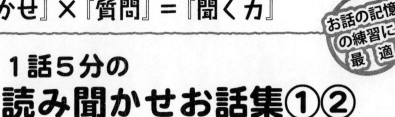

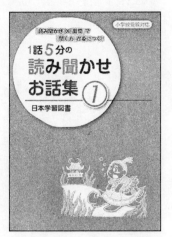

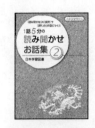

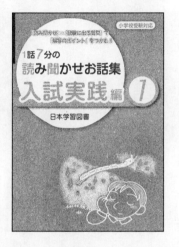

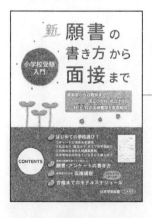

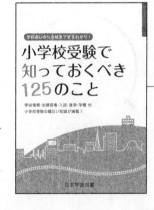

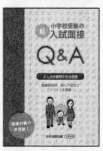

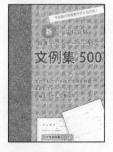

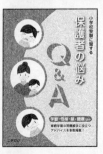

図書カード 1000 円分プレゼント

ご記入日　　　　年　　月　　日

☆国・私立小学校受験アンケート☆

※可能な範囲でご記入下さい。選択肢は○で囲んで下さい。

〈小学校名〉＿＿＿＿＿＿＿＿＿＿＿＿　〈お子さまの性別〉男・女　〈誕生月〉＿＿月

〈その他の受験校〉（複数回答可）＿＿＿＿＿＿＿＿＿＿＿＿＿＿＿＿＿＿＿＿

〈受験日〉①：＿＿月＿＿日〈時間〉＿＿時＿＿分　〜　＿＿時＿＿分

②：＿＿月＿＿日〈時間〉＿＿時＿＿分　〜　＿＿時＿＿分

〈受験者数〉男女計＿＿名（男子＿＿名　女子＿＿名）

〈お子さまの服装〉＿＿＿＿＿＿＿＿＿＿＿＿＿＿＿＿

〈入試全体の流れ〉（記入例）準備体操→行動観察→ペーパーテスト

＿＿＿＿＿＿＿＿＿＿＿＿＿＿＿＿＿＿＿＿＿＿＿＿＿＿＿

Eメールによる情報提供

日本学習図書では、Eメールでも入試情報を募集しております。

下記のアドレスに、アンケートの内容をご入力の上、メールをお送り下さい。

ojuken@nichigaku.jp

●行動観察　（例）好きなおもちゃで遊ぶ・グループで協力するゲームなど

〈実施日〉＿＿月＿＿日〈時間〉＿＿時＿＿分　〜　＿＿時＿＿分〈着替え〉□有　□無

〈出題方法〉□肉声　□録音　□その他（　　　　　）〈お手本〉□有　□無

〈試験形態〉□個別　□集団（　　　人程度）

〈会場図〉

〈内容〉

□自由遊び

＿＿＿＿＿＿＿＿＿＿＿＿＿＿＿＿＿＿＿＿

□グループ活動

＿＿＿＿＿＿＿＿＿＿＿＿＿＿＿＿＿＿＿＿

□その他

＿＿＿＿＿＿＿＿＿＿＿＿＿＿＿＿＿＿＿＿

●運動テスト（有・無）　（例）跳び箱・チームでの競争など

〈実施日〉＿＿月＿＿日〈時間〉＿＿時＿＿分　〜　＿＿時＿＿分〈着替え〉□有　□無

〈出題方法〉□肉声　□録音　□その他（　　　　　）〈お手本〉□有　□無

〈試験形態〉□個別　□集団（　　　人程度）

〈会場図〉

〈内容〉

□サーキット運動

□走り　□跳び箱　□平均台　□ゴム跳び

□マット運動　□ボール運動　□なわ跳び

□クマ歩き

□グループ活動＿＿＿＿＿＿＿＿＿＿＿＿＿＿＿＿

□その他＿＿＿＿＿＿＿＿＿＿＿＿＿＿＿＿＿＿

●知能テスト・口頭試問

〈実施日〉＿＿月＿＿日〈時間〉＿＿時＿＿分 ～ ＿＿時＿＿分〈お手本〉□有 □無

〈出題方法〉 □肉声 □録音 □その他（　　　　　） 〈問題数〉＿＿枚＿＿問

分野	方法	内容	詳細・イラスト
（例） お話の記憶	☑筆記 □口頭	動物たちが待ち合わせをする話	（あらすじ） 動物たちが待ち合わせをした。最初にウサギさんが来た。次にイヌくんが、その次にネコさんが来た。最後にタヌキくんが来た。 （問題・イラスト） ３番目に来た動物は誰か 
お話の記憶	□筆記 □口頭		（あらすじ） （問題・イラスト）
図形	□筆記 □口頭		
言語	□筆記 □口頭		
常識	□筆記 □口頭		
数量	□筆記 □口頭		
推理	□筆記 □口頭		
その他	□筆記 □口頭		

●制作　（例）ぬり絵・お絵かき・工作遊びなど

〈実施日〉＿＿月＿＿日〈時間〉＿＿時＿＿分 ～ ＿＿時＿＿分

〈出題方法〉 □肉声 □録音 □その他（　　　　　　）〈お手本〉□有 □無

〈試験形態〉 □個別 □集団（　　　人程度）

材料・道具	制作内容
□ハサミ □のり（□つぼ □液体 □スティック） □セロハンテープ □鉛筆 □クレヨン（　色） □クーピーペン（　色） □サインペン（　色）□ □画用紙（□ A4 □ B4 □ A3 　□その他：　　　　） □折り紙 □新聞紙 □粘土 □その他（　　　　　　）	□切る □貼る □塗る □ちぎる □結ぶ □描く □その他（　　　　　　） タイトル：＿＿＿＿＿＿＿＿

●面接

〈実施日〉＿＿月＿＿日〈時間〉＿＿時＿＿分 ～ ＿＿時＿＿分〈面接担当者〉＿＿名

〈試験形態〉□志願者のみ（　　）名 □保護者のみ □親子同時 □親子別々

〈質問内容〉

※試験会場の様子をご記入下さい。

□志望動機　□お子さまの様子

□家庭の教育方針

□志望校についての知識・理解

□その他（　　　　　　　　　　）

（詳　細）

・

・

・

・

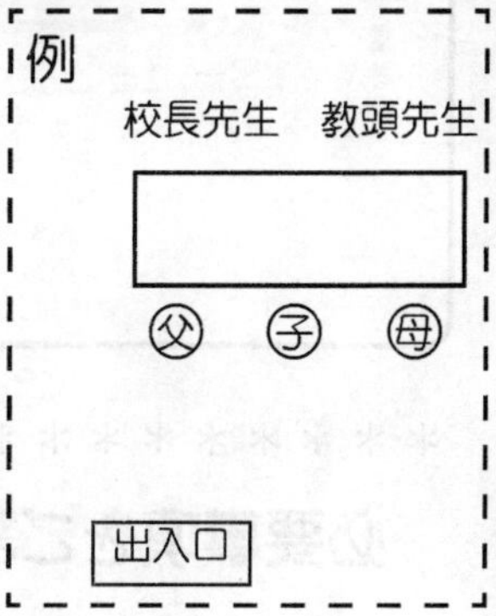

●保護者作文・アンケートの提出（有・無）

〈提出日〉 □面接直前　□出願時　□志願者考査中　□その他（　　　　　　）

〈下書き〉 □有　□無

〈アンケート内容〉

（記入例）当校を志望した理由はなんですか（150字）

●説明会（□有　□無）〈開催日〉＿＿＿月＿＿日〈時間〉＿＿時＿＿分　～　時＿＿分

〈上履き〉　□要　□不要　〈願書配布〉　□有　□無　〈校舎見学〉　□有　□無

〈ご感想〉

●参加された学校行事（複数回答可）

公開授業〈開催日〉＿＿月＿＿日〈時間〉＿＿時＿＿分　～　時＿＿分

運動会など〈開催日〉＿＿月＿＿日〈時間〉＿＿時＿＿分　～　時＿＿分

学習発表会・音楽会など〈開催日〉＿＿月＿＿日〈時間〉＿＿時＿＿分　～　時＿＿分

〈ご感想〉

※是非参加したほうがよいと感じた行事について

●受験を終えてのご感想、今後受験される方へのアドバイス

※対策学習（重点的に学習しておいた方がよい分野）、当日準備しておいたほうがよい物など

＊＊＊＊＊＊＊＊＊＊＊＊＊　ご記入ありがとうございました　＊＊＊＊＊＊＊＊＊＊＊＊＊

必要事項をご記入の上、ポストにご投函ください。

なお、本アンケートの送付期限は入試終了後３ヶ月とさせていただきます。また、入試に関する情報の記入量が当社の基準に満たない場合、謝礼の送付ができないことがございます。あらかじめご了承ください。

ご住所：〒＿＿＿＿＿＿＿＿＿＿＿＿＿＿＿＿

お名前：＿＿＿＿＿＿＿＿＿＿　メール：＿＿＿＿＿＿＿＿＿＿

ＴＥＬ：＿＿＿＿＿＿＿＿＿＿　ＦＡＸ：＿＿＿＿＿＿＿＿＿＿

アンケートのご記入
ありがとうございました

ご記入頂いた個人に関する情報は、当社にて厳重に管理致します。弊社の個人情報取り扱いに関する詳細は、www.nichigaku.jp/policy.php の「個人情報の取り扱い」をご覧下さい。

名進研小学校　専用注文書

年　月　日

合格のための問題集ベスト・セレクション

＊入試頻出分野ベスト３

1st	推　理	思考力	聞く力
2nd	常　識	知　識	公　衆
3rd	図　形	観察力	思考力

ペーパーテストは幅広い分野から出題されていますが、それほど難しい問題はないので基礎基本を徹底することが当校の対策になります。ノンペーパーテストも多いのでバランスよく学んでいきましょう。

分野	書　名	価格(税込)	注文	分野	書　名	価格(税込)	注文
図形	Ｊｒ・ウォッチャー１「点・線図形」	1,650円	冊	数量	Ｊｒ・ウォッチャー37「選んで数える」	1,650円	冊
図形	Ｊｒ・ウォッチャー５「回転・展開」	1,650円	冊	数量	Ｊｒ・ウォッチャー38「たし算・ひき算１」	1,650円	冊
推理	Ｊｒ・ウォッチャー６「系列」	1,650円	冊	数量	Ｊｒ・ウォッチャー39「たし算・ひき算２」	1,650円	冊
常識	Ｊｒ・ウォッチャー11「いろいろな仲間」	1,650円	冊	数量	Ｊｒ・ウォッチャー42「一対多の対応」	1,650円	冊
数量	Ｊｒ・ウォッチャー14「数える」	1,650円	冊	言語	Ｊｒ・ウォッチャー49「しりとり」	1,650円	冊
推理	Ｊｒ・ウォッチャー15「比較」	1,650円	冊	巧緻性	Ｊｒ・ウォッチャー51「運筆①」	1,650円	冊
言語	Ｊｒ・ウォッチャー18「いろいろな言葉」	1,650円	冊	巧緻性	Ｊｒ・ウォッチャー52「運筆②」	1,650円	冊
巧緻性	Ｊｒ・ウォッチャー23「切る・貼る・塗る」	1,650円	冊	推理	Ｊｒ・ウォッチャー53「四方からの観察　積み木編」	1,650円	冊
運動	Ｊｒ・ウォッチャー28「運動」	1,650円	冊	常識	Ｊｒ・ウォッチャー56「マナーとルール」	1,650円	冊
観察	Ｊｒ・ウォッチャー29「行動観察」	1,650円	冊	推理	Ｊｒ・ウォッチャー58「比較②」	1,650円	冊
推理	Ｊｒ・ウォッチャー31「推理思考」	1,650円	冊		１話５分の読み聞かせお話集①・②	1,980円	各　冊
推理	Ｊｒ・ウォッチャー32「ブラックボックス」	1,650円	冊		新口頭試問・個別テスト問題集	2,750円	冊
推理	Ｊｒ・ウォッチャー33「シーソー」	1,650円	冊		実践 ゆびさきトレーニング①・②・③	2,750円	各　冊
常識	Ｊｒ・ウォッチャー34「季節」	1,650円	冊		新小学校受験の入試面接Ｑ＆Ａ	2,860円	冊

合計	冊	円

（フリガナ） 氏　名	電　話 ＦＡＸ E-mail
住　所　〒　　　－	以前にご注文されたことはございますか。 有　・　無

★お近くの書店、または記載の電話・FAX・ホームページにてご注文をお受けしております。
電話：03-5261-8951　FAX：03-5261-8953　代金は書籍合計金額＋送料がかかります。
※なお、落丁・乱丁以外の理由による商品の返品・交換には応じかねます。

★ご記入頂いた個人に関する情報は、当社にて厳重に管理致します。なお、ご購入の商品発送の他に、当社発行の書籍案内、書籍に関する調査に使用させて頂く場合がございますので、予めご了承ください。

日本学習図書株式会社
http://www.nichigaku.jp

家庭学習をトータルサポート！ ニチガクのオリジナル 効果的 学習法

1 まずは アドバイスページを読む！

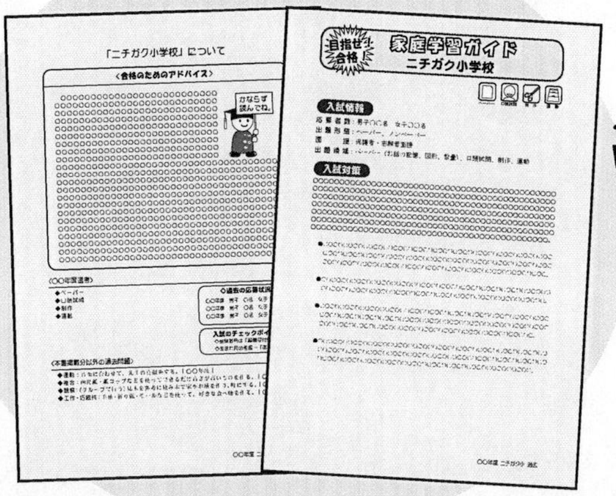

ピンク色です

対策や試験ポイントがぎっしりつまった「家庭学習ガイド」。しっかり読んで、試験の傾向をおさえよう！

2 問題をすべて読み、出題傾向を把握する

3 「学習のポイント」で学校側の観点や問題の解説を熟読

4 はじめて過去問題にチャレンジ！

5 プラスα 対策問題集や類題で力を付ける

過去問のこだわり

最新問題は問題ページ、イラストページ、解答・解説ページが独立しており、お子さまにすぐに取り掛かっていただける作りになっています。
ニチガクの学校別問題集ならではの、学習法を含めたアドバイスを利用して効率のよい家庭学習を進めてください。

各問題のジャンル

問題7 分野：図形（図形の構成） Aグループ男子

〈解 答〉 下図参照

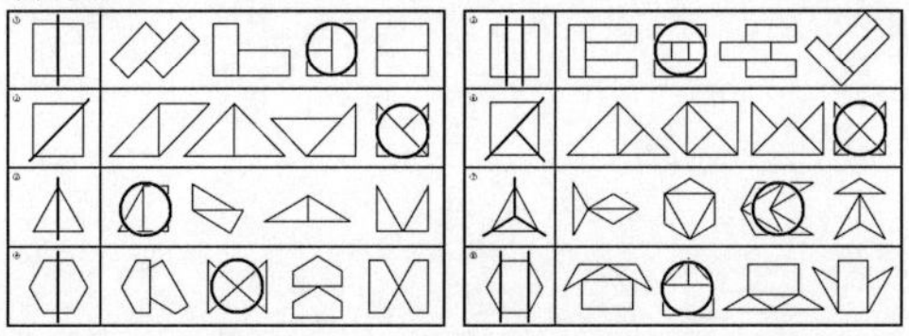

図形の構成の問題です。解答時間が圧倒的に短いので、直感的に答えないと全問答えることはできないでしょう。例年ほど難しい問題ではないので、ある程度準備をしたお子さまなら可能のはずです。注意すべきなのはケアレスミスで、「できないものはどれですか」と聞かれているのに、できるものに○をしたりしてはおしまいです。こういった問題では基礎とも言える問題なので、もしわからなかった場合は基礎問題を分野別の問題集などでおさらいしておきましょう。

【おすすめ問題集】
★ニチガク小学校図形攻略問題集①②★（書店では販売しておりません）
Jr・ウォッチャー9「合成」、54「図形の構成」

学習のポイント

各問題の解説や学校の観点、指導のポイントなどを教えます。
今日から保護者の方が家庭学習の先生に！

おすすめ対策問題集

分野ごとに対策問題集をご紹介。苦手分野の克服に最適です！
＊専用注文書付き。

2022年度版 愛知県版 私立小学校 過去問題集

発行日 2021年8月16日
発行所 〒162-0821 東京都新宿区津久戸町3-11-9F
日本学習図書株式会社
電 話 03-5261-8951 (代)

ISBN978-4-7761-5391-7
C6037 ¥2300E
9784776153917
定価2,530円
(本体2,300円＋税10%)
1926037023005

詳細は http://www.nichigaku.jp 日本学習図書 検索